OLD PATH
WHITE CLOUDS
WALKING IN THE FOOTSTEPS
OF THE BUDDHA

一行禪師
著

何蕙儀
譯

一 行 禪 師
說
佛陀故事
竹林篇

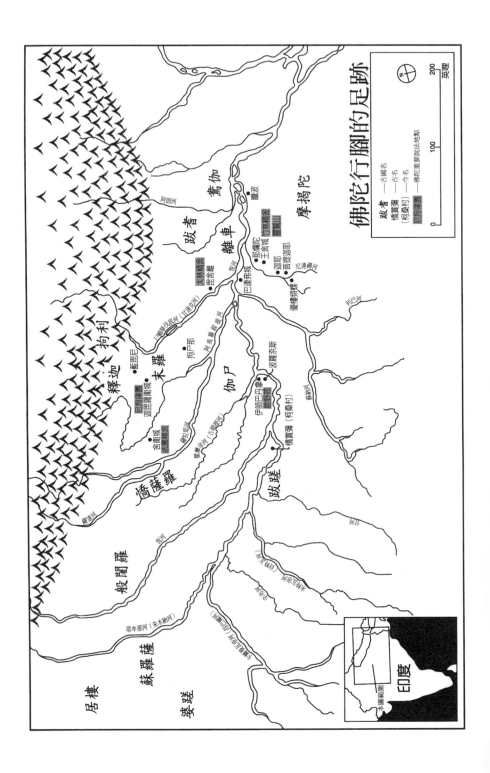

佛陀行腳的足跡

圖例
——古國名
——古名
（阿桑村）——今名
巴連弗邑——佛陀重要說法地點

0　　　　100　　　　200
英里

跋耆

鴦伽

摩揭陀

離車

拘利

釋迦

末羅

伽尸

跋蹉

憍薩羅

般闍羅

蘇羅婆

婆蹉

居樓

印度

中文版序

　　很高興拙作被翻譯成中文，這正好讓我有機會回饋中國歷代的佛教祖師。

　　我十六歲受戒爲沙彌，學習的第一本佛教經典便是用中國古文寫的。學佛的最初十年，我所用的全都是中國古文經典，以及當代大師爲參究這些經典而寫的語體文註疏。這之後，我才接觸到藏文、巴利文及源自西藏的佛典。但我從沒忘懷中國祖師的恩德。自學佛以來，我一直受著此智慧之源的恩澤。現在以中文出版拙作，就是希望聊表此感恩之懷。

　　自學僧時代，我已堅信人間佛教這個理念，若能與日常生活相結合，便可以使社會朝著更平等、自由和慈悲的方向前進。全賴這個信念，我才不至於被當時一些佛教的敗壞風

氣所影響，而喪失意志。我告訴自己：你一定要盡力地把佛法與修行適當地運用於現代生活中，要使佛法與現代的科學、民主、人道、環保和社會公平並肩同步。

早在一九五二年，我已寫了一本名爲《家庭日用佛法》（*Buddhism Applied in Family Life*）的書。幾年後，又寫了另一本書，名爲《日常生活佛法》（*Buddhism Applied in Our Everyday Life*）。自此之後，我幫助設立佛教學校、大學、佛教青年社工服務學校和佛教雜誌等，以期使佛法可以在日常生活中實踐。

我初期所學所修的佛法，是在某些程度上受藏密影響的禪和淨土。在成長的過程中，身爲一個行者，我目睹自己的國家陷於戰禍、暴力、貧困和社會的不平之中。我發覺當時所學的禪和淨土法門，都不能直接解決我周圍以及自心之內的痛苦。我深入鑽研佛理，尤其是四聖諦和八正道，以期能找到直接解決當時苦難的答案。後來幸得《安般》、《四念處》和《釋中禪室》等經典的啓示，使我重拾佛陀教化中「現法樂住」的義理，因而使我一直期待著的「人間佛教」，得以復現。沒有親身接觸和透切理解「苦諦」，是很難得見脫離痛苦的「道諦」的。瞭解痛苦之性質後，才可以用行動和修行來轉化痛苦，使身心康復，這就是「滅諦」。正法的一個特徵，就是需要現身受證。佛陀曾一再強調，正法是在當下一刻生效的。你一開始修行，轉化和康復的過程便立刻

開始了。

　　過去二十年，我主要在北美洲和歐洲的三十多個國家提供專念禪訓的靜修營。在這段靜修的時間裡，參加者會被指導如何修行，以回復身心的安詳與平穩，以及如何承認並接納苦痛，然後深入瞭解痛苦的性質，進而轉化它。修習坐禪、行禪、專注呼吸、專注禮拜、全面鬆馳等，都是爲了達到以上的目的。經過這些修習之後，很多參加者都能夠消解內心的矛盾和衝突，與家庭親屬重新溝通。慈心的聆聽與關懷的愛語，都是其中的基本修習。但這些修習的鍛鍊，則必須要靠專念、集中和去深入瞭解的精神所支持，才可以發揮效用。

　　我希望我全部的英文拙作，都能被翻譯成中文版本廣爲流通。我也當然會很高興與我的朋友一起多到中國來探訪，保持與中國佛教大德們的對話。佛教只有在更新中才能成爲一股新動力，以解決現今人們每天在生活上所遇到的困惑。

　　　　　　　　　　　　　　　　　　一行禪師

作者誌

　　在撰寫這本書時，我幾乎只從所謂的「小乘」經典中擷取材料，而且刻意引用極少的大乘經典資料，目的是想藉此證明，大乘經典中廣義的佛教教理，全都可以在巴利文的「尼科耶」（Nikayas）以及漢文的《阿含經》中找到。我們在研讀這些經典時，只要保持著開放的態度，就會看見其實所有的經典都是佛教經典，無論它們是屬於南傳佛教或北傳佛教。

　　大乘經典在詮釋佛教的基本教理時，方式是較自由、較有彈性的，如此能避免教理被「具體化」，而在學習及實際修行上變得狹隘或不知變通。大乘經典能幫助我們重新發現「尼科耶」與《阿含經》深奧的一面，因為它們好比顯微鏡

下的一道光，清晰地照射在一個因爲以人爲方式保存下來，
而遭到扭曲的物體上。「尼科耶」與《阿含經》理當更貼近
佛陀教化的原始形式，但在法教的流傳過程中，不免會受到
傳承中特定的修行與詮釋方式所影響，而遭到更改與修飾。
現代的學者與修行者，應該要能從現存的南傳、北傳佛教的
經典中，恢復佛教的本來面貌，而且也應該要熟悉這兩種傳
承。

　　佛經中經常出現神通事蹟，爲佛陀的一生增添了豐富的
色彩，但我在書中盡量避免提到這些事蹟，因爲佛陀本人曾
告誡弟子，勿將時間與精力浪費在追求神通能力上。然而，
我提到了佛陀生平，在社會上或與弟子之間所遭遇到的難
題，如果佛陀在這本書中有什麼和我們一般人很接近的地
方，部分原因是因爲他所遭遇的這些難題吧！

一行禪師

譯者序

　　最初淨因法師給我介紹《故道白雲》（*Old Path White Clouds*，編按：《故道白雲》為本書香港版書名）時，我還以為這不過又是另一本關於佛陀事蹟的書，與我所看過的一些佛陀傳記類書籍，大同小異。但開始閱讀後，我便愛不釋手，一下子走進了二千五百多年前，以印度東北為背景的佛陀時代了。

　　本書直接取材自二十四本巴利文、梵文以及中文的佛典。作者把佛陀一生的主要事蹟和言教，透過佛陀八十年不平凡的經歷，從一個牧童縛悉底與佛陀的一段因緣，一一引述出來。從一個讀者的角度而言，如果說佛陀事蹟與言教的陳述是牡丹，那這本書對於佛陀人性一面的反映，便成了我

眼中的綠葉，而且綠得鮮豔奪目。許多人心目中的佛陀，不僅是佛教的創始人，而且更是一個高不可攀的聖者。但本書通過對佛陀年輕時代的情懷，以至老年時期的健康狀況的描述，把這位聖者與我們每一個人的距離拉近了一大截。或許，從瞭解佛陀人性的一面，我們會同時更瞭解自己佛性的潛能。這就是我覺得綠葉可愛之處！

作為一個讀者、譯者和學佛者，這本書帶給我多方面的享受和啓發。除了多謝淨因法師給我經歷這個旅程的機會，更要多謝法師幫助翻譯書中所有的人名、地名和一些巴利文的名詞。

譯者希望以此中文版本，能與大家分享重步佛陀「故道」，細看「白雲」的感受。

何蕙儀

總目錄

一行禪師說佛陀故事I・縛悉底篇

一行禪師說佛陀故事 II・竹林篇

一行禪師說佛陀故事 Ⅲ・獅子吼篇

竹林篇

目錄

竹林篇

1

——

竹林

那是個月圓之日，佛陀與他的一千二百五十名比丘持著缽，踏著平穩緩和的腳步進入王舍城內。城裡的街道上布滿了彩燈和鮮花，人群擠在街道兩旁歡迎佛陀和僧伽。當比丘們走到大路的交叉點，蜂擁的民眾甚至讓佛陀和比丘們難以通過。

正當優樓頻螺迦葉不知所措的時候，一個手持六絃西塔琴，邊彈邊唱的年輕小伙子走了出來，歌聲清脆如銀鈴。當他從人群中走過的時候，大家都讓開給他通過，這一來，佛陀和比丘們也都可以繼續前進了。迦葉認出這位樂者是一個月前才在他的引領下皈依三寶的。他所哼唱的歌詞深刻地表達了他的感受：

> 在這清新的春晨，
> 大覺者穿過我們的都城，
> 一千二百五十弟子隨行，
> 腳步緩和、平穩，祥光遍照。

群眾一邊陶醉在年輕人的曲中，一邊望著佛陀從他們面前經過。歌者繼續唱道：

> 身為您的弟子，感恩安慰，
> 讓我們歌唱，歌唱您無盡的愛心與智慧，
> 引導我們覺悟知足常樂之真理。
> 也讓我來歌頌僧伽，
> 歌頌你們追隨佛陀的覺醒之道。

年輕人繼續邊走邊唱，為佛陀和比丘們開路，直到王宮的入口。這時，他才向佛陀鞠躬禮敬，然後瞬間便消失在人群中。

在六千隨從的陪同下，頻婆娑羅王出來親迎佛陀，帶著佛陀和比丘們走到宮裡的前院。這裡早已搭起很多帳篷為他們提供涼蔭，遮擋烈日。佛陀被恭請入坐庭院中央的座位，所有給比丘的座位也經特別安排。佛陀上座後，頻婆娑羅王便請其他人入座，大王和優樓頻螺迦葉分別坐在佛陀的兩

頻婆娑羅王在六千隨從與賓客的陪同下，出來親迎佛陀。

旁。

　　阿闍世太子奉上一盆水和一條毛巾給佛陀清潔手足，其他的侍從也如此侍奉著比丘們，接著素宴便正式開始。桌上擺滿了各式的菜餚，大王親自將食物放入佛陀的缽中，毘提醯王后和其他僕人則侍奉比丘們。佛陀和比丘都在食前念誦，頻婆娑羅王和他的嘉賓在進食的時候都默不作聲，六千賓客都被佛陀和比丘的和顏悅色深深感動。

　　佛陀和一千二百五十名比丘進食完畢後，他們的缽全被拿去清洗後才歸還。這時，頻婆娑羅王轉過來向佛陀合掌禮敬。意會到大王的心意，佛陀便開始為大家說法，他講授五戒為導致家庭和樂、國家太平之道。

　　「第一戒是不殺。受持此戒可培養慈悲心。眾生皆懼怕死亡，正如我們會愛惜自己的生命，我們也應該愛惜眾生的生命。我們除了不去奪取別人的生命，也應該避免傷害別類生命。我們應與人、動物和植物和諧相處。如果我們滋養愛心，痛苦就會相應而減，快樂的生活就會隨之而生了。國民如果都能受持此不殺之戒，整個國家都必定會和平安穩。當人民都尊重彼此的生命，國家必定富強，外來的侵擾也會容易應付得多了。即使國防設備完善，也沒有必要動用。軍隊士卒也可以用他們的時間去修橋補路、開荒建壩，做這些有建設性的工作了。

　　「第二戒是不偷盜。我們無權奪取他人用勞力換來的財

產，試圖搶奪他人的財物就是破戒。騙取或以欺壓手段強取都是偷盜，從他人的血汗勞力圖取暴利也是破戒。假使每人都受持此戒，社會平等便會萌芽，而劫殺也必然很快止滅。

「第三戒是不做不道德的性行為。性關係只限於夫婦之間，受持此戒能在家庭裡建立起信任並創造快樂，同時免除他人不必要的痛苦。如果想享有快樂而又有時間幫助國家民族，就必須避免三妻四妾。

「第四戒是不妄語。不說會導致離間或仇恨的話，出口必要是真言。是就是是，非就是非。言語可以建立信心與快樂，但也可以產生誤會與憎恨，甚至殺戮與戰爭，因此出言必須謹慎。

「第五戒是不飲用酒精或刺激品。酒精和刺激品會使人喪失理智，一個人醉酒的時候，常常會讓自己、家人或其他人蒙受痛苦。受持此戒可保身心健康，應該時刻遵守。

「如果大王與各位高官都嚴持五戒，國家必大受裨益。陛下，帝王是國家的舵手，他必須有很高的覺察力，分秒都知道國家發生了什麼事。如果你能讓部屬明白並堅守五戒的話，這五條和諧平安的生活原則一定可以使摩揭陀更加強盛的。」

頻婆娑羅王聽了歡喜極了，站起來向佛陀鞠躬禮謝。毘提醯王后手拖兒子阿闍世，走到佛陀面前，她教太子合掌禮敬佛陀，然後說道：「佛陀世尊，阿闍世太子和四百個小孩

今天都同時在場，不知道您可否教導他們愛與覺察之道呢？」

王后再向佛陀鞠躬，佛陀微笑，伸出手來拖著小太子的手。王后示意叫其他的小孩上前。他們都來自名門望族，身上穿著華麗的衣服，每個人的手腕或腳踝都帶著金飾環，女孩們更穿上了閃閃發亮的紗麗。阿闍世太子坐在佛陀腳下。這時，佛陀想起很久以前自己在迦毗羅衛城的蒲桃樹下，與一班貧苦村童的野餐。他默默地對自己承諾，日後回鄉時，必定要尋訪他們，與他們分享法義。

佛陀對小孩們說：「孩子們，在我為人之前，我曾經生為泥土和石塊、植物、雀鳥和許多其他動物，你們也一樣曾經是泥土和石塊、植物、雀鳥和動物。或許你們今天與我一起在這裡，是因為我們在過去世有過特殊的關係，也許我們曾帶給大家喜樂或哀傷。

「我今天想為你們講一個很多世以前發生的故事，它是關於一隻蒼鷺、一隻蟹、一棵雞蛋花樹和許多小蝦小魚的故事。那一世，我是那棵雞蛋花樹，也許你們其中有人是那蒼鷺、蟹或小蝦。在這個故事裡，蒼鷺又壞又狡猾，是隻帶給別人痛苦和死亡的傢伙。蒼鷺也讓我這棵雞蛋花樹受苦，但我從那些痛苦中，學到很重要的一課，那就是——如果你欺騙、傷害別人，到頭來你自己也會被欺騙並受到傷害。

「我是生長在一個清香蓮池附近的一棵雞蛋花樹，池裡

一條魚也沒有，但離那裡不遠的地方，卻有個很淺的死水塘，裡面住著很多小魚、小蝦和一隻蟹。蒼鷺發現水塘裡有這麼多魚蝦，便想出了一個計策。牠坐在塘邊，臉上表現出愁惱可憐的樣子。

「魚和蝦問他：『蒼鷺先生，你為何這麼煩惱呢？』

「『我正在想著你們這一群可憐魚蝦的生活。你們的水塘又濁又髒，而且又缺乏食物，我真替你們的苦命感到不安。』

「『那你有辦法幫助我們嗎？蒼鷺先生。』塘裡的小動物問道。

「『其實，如果你們讓我把你們一一帶到不遠處那個清涼的蓮池，那裡應該有更多食物供給你們的。』

「『我們也想相信你，但一向以來，有誰聽過蒼鷺會關心魚蝦的？可能你只是想騙我們，把我們吃掉罷了。』

「『你們為何如此多疑呢？你們應該當我是個慈祥的世伯，我沒有必要騙你們的。那邊真的有個很大而且又載滿清水的蓮池，你們不信的話，我可以帶你們其中一個先前往視察，牠回來以後便可以告訴你們我是否在說真話了。』

「魚蝦經詳細商討後，決定讓一條年長的魚跟蒼鷺前去蓮池。這條魚身上多刺，魚鱗堅硬如石，不但游得很快，也能在沙上活動自如。蒼鷺把牠放在嘴裡，便飛去蓮池。牠把老魚放進池裡，好讓牠能仔細視察一番。這蓮池真的十分寬

敞，池水清新涼快，又有很充足的食糧。他回到舊水塘後，便向魚蝦報告一切情況。

「確定了蒼鷺的好意後，魚蝦都央求蒼鷺把牠們搬到蓮池。狡滑的蒼鷺當然答應了，牠一一把魚銜在嘴裡，然後飛去，但這一次，牠並非把他們帶到蓮池，而是飛往那棵雞蛋花樹，將魚放在樹的椏枝上，撕下牠的肉來吃，剩下的魚骨則扔到樹腳下。牠就是這樣，將魚一一吞噬。

「我就是那棵雞蛋花樹，所以我見證了所發生的一切。雖然我十分生氣，但卻無法阻止蒼鷺。一棵雞蛋花樹的根牢牢地抓著泥土，它只會長出枝葉和花朵，不能四處走動。我也不能大叫來警告魚蝦真實的情況，我就連伸長樹枝來阻止蒼鷺把魚吃掉也做不到，我只有坐觀慘況的發生。每次蒼鷺把魚肉撕下來的時候，我都感到非常痛苦，我覺得自己的樹汁快要乾涸，樹枝也快斷掉了。一滴滴像眼淚的汁液聚集在我的樹皮上，不過，蒼鷺並沒有察覺到。連續幾天，蒼鷺都繼續這樣把魚吃掉，當魚已全部吃光，便開始打蝦的主意。在我腳下堆起的魚骨，就足以裝滿兩大籮。

「我知道身為一棵雞蛋花樹的職責，是要用芬芳的花朵美化森林。但我當時實在被蒼鷺的所作所為和自己的無能為力折磨得很痛苦。假如我是一隻鹿或一個人，我便可以做點事，但被樹根繫在地上，我完全動彈不得。我當時發願，如果我將來生為動物或人，我必定會盡力去濟弱扶傾。

「當所有的魚和蝦都被蒼鷺吃盡，只剩下那隻蟹，那隻蒼鷺仍未滿足，牠對蟹說道：『世侄，我已把所有的魚蝦都搬到蓮池去快快樂樂的生活了。這裡現在只剩下你一個，你一定很寂寞了，讓我也把你搬到蓮池吧！』

「『你怎麼帶我去？』

「『就像我帶其他魚蝦一樣，用我的嘴巴。』

「『我滑下來怎麼辦？我的殼會破成碎片的。』

「『不用擔心，我會很小心的。』

「蟹細心考慮。也許蒼鷺真的把魚蝦都運去了蓮池，但如果牠把魚蝦們都騙去吃掉，那也不是不可能的。於是，蟹便想了一個辦法來確保自己的安全，牠對蒼鷺說：『世伯，我怕你的嘴巴不夠力量來載我，倒不如你飛行時讓我抓著你的頸背。』

「蒼鷺只好同意。牠等蟹爬到他的背上抓緊後，便飛到空中。但牠沒有把蟹帶到蓮池，而又把牠帶到雞蛋花樹那裡。

「『世伯，你為何不把我放入蓮池？為什麼我們在這兒著地呢？』

「『哪有蒼鷺會把魚蝦搬到蓮池的呢？世侄，我不是來施恩的。你看見雞蛋花樹下的魚骨蝦殼了嗎？你的生命也將在這裡結束。』

「『世伯，魚蝦們或許被你欺騙，但我可沒那麼容易上

當。快把我帶到蓮池,否則我用我的鉗把你的頭割掉。』

「蟹把利鉗插入蒼鷺頸裡,剎時蒼鷺刺痛得尖聲大喊:『別這麼用力!我會立刻帶你到蓮池!我答應一定不會把你吃掉!』

「蒼鷺把蟹帶到蓮池,準備把他放在水邊,但蟹仍不肯把鉗放鬆。想起所有被他欺騙而喪命的魚蝦,牠忍不住把利鉗切入蒼鷺的頸裡,直到牠的頭掉下來。這時,蟹才自己爬進水裡去。

「孩子們,我當時就是那棵雞蛋花樹,這一切我都親眼看到。我學到了如果我們對別人慈愛,別人也會對我們慈愛;但如果我們對別人殘忍,遲早我們自己也會遭逢同樣的命運。我發願在我的所有未來世,都會全力去幫助人。」

小孩們都覺得故事很好聽。他們被雞蛋花樹的痛苦所感動,更同情那些無助的小魚小蝦。他們鄙視蒼鷺欺詐殘暴的行為,但十分欣賞蟹的精明果斷。

頻婆娑羅王起立。他合掌鞠躬,對佛陀說:「師父,您和我們老幼分享了重要的一課,我真希望阿闍世太子會把您的話牢記心中。我們國家也真有福澤承蒙您的光臨,如果您允許的話,我現在希望送給您和僧伽一份薄禮。」

佛陀繼續看著大王,等著他再詳細說明。肅靜了一會兒後,大王繼續說:「離王舍城以北大概兩里左右,有一片很大、很美的園林,名叫竹林。那裡恬靜清涼,環境十分怡

人，裡面還住著很多松鼠。我想把竹林送給您和您的僧團，作為說法修行的道場。慈悲的偉大導師，請您接納我這份心意吧！」

佛陀思量了一會。這是僧團首次被供養土地作僧院。他的比丘在雨季中肯定需要有地方下榻安居。佛陀深呼吸，然後微笑點頭，表示願意接納大王的厚意。頻婆娑羅王歡喜若狂，他知道有了僧院在這裡後，佛陀在摩揭陀停留的時間將會更長了。

當天在場的嘉賓中有許多婆羅門教的領導人物，其中很多人都不滿大王這麼做，但卻也不敢表露意見。

大王傳令拿來一個盛滿了清水的金瓶，他把水倒在佛陀手上，隆重地宣布：「師父，這些水流在您的手上，就代表竹林已經轉送給您和僧伽了。」

大王贈送竹林給佛陀的儀式，這才完畢，供奉之宴也就此結束。佛陀和他的一千二百五十名比丘，也開始離開王宮了。

2

我會在春天回去

　　就在第二天，佛陀和幾個大弟子便來到竹林。這裡正符合僧團所需的理想環境，周圍是將近一百畝的茂盛竹林，包括了各種不同品種的竹子。樹林中央的迦蘭陀湖，正好當作比丘們沐浴和洗衣的地方，他們也可以在湖岸行禪。充足的竹樹，用來興建房舍給年老的比丘也很方便。佛陀的大弟子，包括憍陳如、迦葉和舍利弗等都對竹林十分滿意，並立刻開始計畫安排一切。

　　佛陀說：「雨季不是遠行的好時間，比丘們在雨季都需要有地方修習。有了這個地方，他們就可以避免受環境影響而生病，並避免踐踏到被雨水沖到地上的蟲蟻。從現在開始，我希望比丘們每逢雨季都安居一處。我們可以知會當地

的在家信眾，在這三個月的靜修時間前來供食，同時他們也可受益於比丘的說法開示。」這便是比丘雨季結夏安居的起源。

在目犍連的監管下，年輕的比丘負責用竹子、茅草和泥土為年長的比丘們搭建房舍。佛陀的房舍雖小，但非常清雅。房子後面長著一叢金竹，另一邊又長著一叢更高的青竹，十分清涼。那先沙摩羅比丘替佛陀造了一個木製的矮台供他睡覺，又在屋後放了一個大泥缸供他梳洗。那先沙摩羅這個年輕比丘，是優樓頻螺迦葉從前的門徒，迦葉安排他擔任佛陀在竹林的隨從侍應。

舍利弗也安排了一位在家弟子負責從城裡運送一個大鐘放在竹林精舍。他們把大鐘掛在迦蘭陀湖邊的一棵大樹上。每到溫習和禪修的時間，便會有人敲響大鐘提醒比丘，這變成了專念修行的一個重要部分。佛陀教導比丘們，每當聽到鐘響時，都應該停下來細觀他們的呼吸。

在家的弟子也幫了他們很多忙。迦葉向他們解釋結夏安居的意思。「這段時間是要讓比丘們有機會直接向佛陀學習解脫之道的修行方法，他們也會有更多時間個別做密集的修習。同時，他們也可避免踐踏雨季中特別多的昆蟲。你們可以在這三個月內以供食來幫助比丘，如果可以的話，每天帶來的食物，最好份量適中，不多不少。不論貧富，即使只帶來一、兩片烙餅，也都可以留下來聽佛陀或大弟子每天的說

法開示。因此，結夏安居對比丘和在家眾都一樣有利益。」

這足以證明迦葉在管理在家弟子方面和管理比丘一樣出色。他負責與在家人聯絡，又打點一切供食和其他供養的安排，並確定沒有一個比丘缺乏衲衣、乞缽、坐墊、毛巾和濾水器。

結夏安居的第一天，僧伽都依照佛陀和大弟子悉心訂下的秩序進行。起床的鐘聲在清晨四時響起。梳洗後，比丘們便自習行禪。他們繼續輪流行禪、坐禪，直至日光露出在竹樹梢上才停止。這通常是乞食的時間，但因現在有在家眾前來供食，比丘便有較多時間個別與自己的老師深入研究法要，並探討修行上所遇到的問題。那些被選為老師的比丘，都是一些具深厚修為的比丘。馬勝、迦葉、舍利弗、目犍連、額鞞和摩男拘利每人都負責指導十至三十個學僧。每個新加入的比丘，都會有一位依止的老師如兄長般引導他修行，這是迦葉和舍利弗親自訂立的制度。

中午前，比丘都齊集在湖邊，手持乞缽，排隊等候。食物平均分配完之後，他們便坐在湖邊的草地上進食。進食完畢，他們會把缽洗淨，然後面對佛陀而坐。有時，佛陀會宣說一些針對比丘修行，但也同時有助於在家修行者的教義。有時，他又會開示一些針對在家眾的教理，而同時也會讓比丘們得益。有小童在場時，佛陀又會說些適合他們的法語，而這些多半都是他過去生的故事。

有些時候，佛陀的大弟子會代他開示。這時，佛陀便會安靜地旁聽，以便他們說得準確明白時，給予他們一點鼓勵。法會完畢後，信眾都各自回家，比丘則會稍作休息，直至午鐘再響時，他們才又再行禪、坐禪，一直至午夜才退下作息。

佛陀禪坐直至深夜。他尤其喜歡在月明之夜，把他的竹台移到室外，在涼夜的空氣中禪坐。將近天亮的時候，他則喜歡在湖邊行禪。因為時常保持歡喜、輕鬆而且平靜，佛陀並不像年輕比丘們需要那麼多的睡眠。迦葉也同樣會禪坐直至深夜。

頻婆娑羅王會定期前來竹林精舍，但不再像從前往在棕樹林時那樣，帶著許多伺候他的隨從。有時，他會與毘提醯王后和阿闍世太子一同前來，但經常他是獨自一個人來的。他會把馬車停在林外，自行前往佛陀的寮房。有一天，他看到比丘在雨中聽法，隨後便徵詢佛陀的同意，在那裡加建一座講堂，以供比丘在雨天午食或聽法時使用。佛陀同意後，講堂的興建工作便立刻開始。它的面積可容納一千位比丘和一千位在家眾，成為了精舍內最有用的設施之一。

佛陀和大王經常會在竹台上坐著暢談。於是，那先沙摩羅便替佛陀造了幾張簡單的竹椅來接待客人。一天，佛陀和大王坐在椅子傾談時，大王訴說道：「我其實有另一個您從未見過的兒子，我很希望他們母子可以與佛陀您會面，他不

佛陀喜歡禪坐至深夜，享受那月色與晚涼。

是毘提醯王后所生，他的母親名叫阿摩巴離，他自己則叫戍博迦，已經快要十六歲了。阿摩巴離住在巴連弗城以北的毘舍離。她不喜歡宮中的拘謹生活，也不在乎身分地位，只珍惜她個人的自由。我提供他們各方面需要，包括一個美麗的芒果林。戍博迦是個對軍政事務毫無興趣，但卻聰明勤奮的少年。他住在都城附近，目前攻讀醫學。我對他們非常愛護，也希望您能如此對待他們。慈悲的尊者，如果您答應與戍博迦和他的母親會面，我便會盡快安排讓他到竹林來。」

佛陀微笑同意。大王於是合掌請辭，心裡滿懷感恩。

在同一段時間裡，從佛陀的家鄉迦毘羅衛城來了兩位很特別的客人，他們就是佛陀的老朋友迦鹿荼離和車匿，他從前的馬車伕。他們的造訪為精舍增添了一份特殊的溫馨氣息。

離開了七年，佛陀也很想知道家裡的消息。他詢問迦鹿荼離有關父王、王后、耶輸陀羅、難陀、孫陀莉難陀、他的朋友，和他從不曾忘記的兒子——羅睺羅等的近況。雖然迦鹿荼離一如以往地談笑風生，但臉上免不了多了歲月的痕跡，車匿看上去也衰老了不少。

佛陀與他們坐在屋外談了很久。他獲悉迦鹿荼離目前在朝庭任職高官，是淨飯王最信任的參謀之一。家裡的人在兩個月前獲悉佛陀證道而且正在摩揭陀說法的消息時，每個人都為此而非常高興，尤其是大王、王后和瞿夷。當大王囑咐

迦鹿茶離前來竹林找佛陀回去時，迦鹿茶離也覺得十分興奮，起程之前的三天籌備期間，更緊張得不能入睡。是耶輸陀羅建議他和車匿一起來的，當車匿知道迦鹿茶離肯帶他同行時，開心得哭了起來。他們兩人經過一個月的旅程，才到達竹林精舍。

照迦鹿茶離所說，大王的健康近年來已衰退了不少，但頭腦卻仍然敏銳，也有幾位有才幹的大臣協助他料理國事。喬答彌則如以往一般活躍。難陀王子已經與一位貴族女子卡拉諾莉訂了親。難陀年少英俊，又喜歡打扮，大王就擔心他不夠成熟、穩重。佛陀的妹妹孫陀莉難陀已經亭亭玉立，美麗高貴。至於耶輸陀羅，從佛陀離開那天起，她就再也沒有配戴珠寶首飾了。她穿著得非常樸素，又把她所有的名貴衣物賣掉，將得來的錢捐贈給貧苦大眾。當她聽到佛陀只有日中一食，便也照著這麼做。在喬答彌王后的相助下，她繼續從事她濟貧扶弱的工作。羅睺羅已經七歲了，烏黑的眼睛閃耀著聰穎和決心，祖父母對他的疼愛，就如他們從前對待佛陀一般。

車匿也確認了所有迦鹿茶離告訴佛陀的話。來自家裡的消息使佛陀暖在心頭。最後，迦鹿茶離問佛陀何時才能回去迦毘羅衛城。佛陀說道：「我會在雨季後回去。我暫時不想離開這班修行未上軌道的年輕比丘。過了這段安居期，我應該可以放心離開他們了。但是，迦鹿茶離！車匿！你們不妨

留下一個月左右來嘗試一下這裡的生活，如此你們應該還有充分的時間可以回去告訴大王我雨季後的歸期。」

迦鹿茶離和車匿當然很高興能留在竹林精舍小住。他們與多位比丘成了好朋友，更體會到他們出家人平靜愉快的生活。他們也學會了如何在日常生活中修習覺察能力以滋養身心。迦鹿茶離花了很多時間在佛陀身邊觀察，而被佛陀從容自在的神態深深感動。佛陀顯然已經達到了一個不再追求欲望的境界。佛陀就像一條在水中自在地游來游去的魚，或在天空中安詳地飄浮著的雲，他完全投入當下這一刻。

佛陀的目光和笑容就是他已得到精神解脫的最佳印證。他再也不會被這世界裡的任何事物所束縛，但他對別人卻擁有最多的愛心與瞭解。迦鹿茶離發覺他的老朋友在精神的道路上已經把他遠遠拋在後頭了。一時間，迦鹿茶離發覺自己很渴望過一種如比丘般寧靜無著的生活。他覺得自己已經可以放棄一切功名利祿和權勢地位，以及那種生活所帶來的憂慮。就只在竹林住上了七天，他已私下對佛陀表示他想剃度為比丘了。佛陀對此也感到有點意外，但仍微笑點頭以示接納。

車匿也同樣希望成為比丘，但礙於對大王一家有責任在身，他認為應該先向耶輸陀羅請辭，較為恰當。因此，他準備等佛陀回到迦毗羅衛城之後，才提出這個要求。

3

—

手指非月

一天下午，舍利弗和目犍連帶了一位名叫帝迦羅揭的苦行者來謁見佛陀，帝迦羅揭是與刪闍夜齊名的。同時，他也是舍利弗的叔伯。當他知道侄兒追隨了佛陀為師，便很好奇地想知道佛陀所教導的是什麼。當他要舍利弗和目犍連為他解說時，他們卻提議他直接與佛陀會面。

帝迦羅揭問佛陀道：「喬答摩，你所教的是什麼？你的教義為何？就我個人而言，我很不喜歡任何理論學說，我對這些完全不信。」

佛陀微笑問道：「那你信不信『你自己不相信任何理論學說』的主義呢？你信不信『不信主義』呢？」

帝迦羅揭感到有點出乎意料，答道：「喬答摩，我信不

信都不重要。」

佛陀溫和地説：「一個人一旦被某些學説教條絆著，便立刻失去了全部的自由。如果一個人偏執地以爲自己所信的才是唯一的眞理，他便會認爲其他所有的都是邪見。紛爭與衝突全是從狹窄的眼光和見解產生的。它們會無止盡擴大，浪費我們寶貴的時間甚或導致戰爭。對見解的執著，是精神之道上的最大障礙。被狹見綑綁著的人會被纏縛得無法把眞理之門打開。

「讓我告訴你一個故事。它是關於一個年輕鰥夫和他的五歲兒子的故事。這男子愛他的兒子勝過於自己的生命。一天，他因出外辦事，留下兒子一人在屋裡。他出去之後，一群土匪闖入村莊劫殺擄掠，也把他的兒子擄走。當他從外面歸來，發覺全屋已被燒毀，附近又躺著一具燒焦的童屍，他便以爲自己的兒子已慘遭殺害。他呼天搶地，然後把屍體火化了。因爲愛子心切，他便將骨灰放入一個袋子裡，時常攜帶在身邊。數個月之後，他的兒子擺脫了土匪的監視，偷溜回家。那時正當深夜，他用力敲著門，但因他的父親當時正抱著骨灰痛哭流涕，便沒有理會敲門聲，即使他兒子大聲呼叫，告訴他自己是他的兒子，他也不予理會。他深信自己的兒子已經死去，還以爲那是附近的頑童在戲弄他而已。最後他的兒子只好流浪他去，如此一來，他們父子便永遠訣別了。

「你看到了吧，朋友。如果我們將一些信念奉爲絕對的

真理，也許我們有一天也會落得如這個漁夫一樣的下場。如果我們以為自己已盡得真義，當真理真的來臨時，我們便無法打開心扉來接受它了。」

帝迦羅朅問道：「那你的教理又如何？假如別人追隨你所教導的，那他們是否也被困於狹見之內？」

「我所教導的並不是什麼學說或哲理。它不是理論的推斷或思想上的假設。它不像某些哲學理論般，試圖探討宇宙的基本元素是地、水、火、風或神，又或宇宙是有限、無限、短暫還是永恆。一切思想上對真理的揣測和推究，都像圍著圓盆邊爬行的螞蟻──永遠都到不了任何地方。我所教導的，不是哲學，而是實證經驗的結果。你是可以從你自己的經驗中親自證實的。我說所有的一切都是無常的，而且無個別的自性，這些都是我親證的，你們也同樣可以證得。我說萬物都是以其他事物為條件而生起、住世並壞滅。沒有任何事物是從單一的本源而產生的。我是直接親證這個真理的，你們也可以做得到。我的目的並不是要解釋宇宙，而是要幫助、帶領其他人直接體驗實相。文字語言不能解釋實相，只有親身體驗才能讓我們看到實相的真面目。」

帝迦羅朅讚歎道：「奇妙，妙極了，喬答摩！但如果有人把你所教導的當作理論學說看待，那又怎麼辦呢？」

佛陀靜下來，然後點頭。「帝迦羅朅，你問得很好。雖然我所教導的並非理論學說，但難免仍會有人這樣想的。我

要清楚地說明白，我所教的是體驗實相的方法，而不是實相本身。這個道理正如指著月亮的手指，並非月亮。聰明的人會利用手指來使自己看到月亮，一個誤認為手指就是月亮的人，永遠都看不到真正的月亮。我所教導的只是修行的方法，並不應該對它有所執著或崇拜的。我所教導的就像一艘用來渡河的木筏，只有一個愚笨的人才會到了彼岸，也就是解脫之岸，還揹著木筏到處走的。」

帝迦羅揭合上雙掌。「佛陀世尊，請您教我如何從痛苦的感受中解脫出來吧！」

佛陀說：「感受有三種──喜歡、不喜歡和無所謂喜歡不喜歡的。三種的根源都來自於身心的領會。感受一如其他物質和精神現象般有生有滅。我教導的方法，是要深切體悟自己的感受來源和性質，無論它是好受的、不好受的、或兩樣都不是的。當你見到感受的來源，你便會瞭解它的性質。你會發覺感受不是恆常的，因此你便逐漸不會再被它的生滅所煩擾。幾乎所有的感受都是來自於對實相的錯誤見解。將不正確的見解袪除，痛苦便自然止息了。錯誤的見解使人把不恆常的當作恆常的。無明就是所有痛苦的根源，我們修行覺察之道以擺脫無明。一個人要徹底看清事物才能洞悉它的真性，一個人是無法靠念經或供奉來破除無明的。」

舍利弗、目犍連、迦鹿茶離、那先沙摩羅和車匿全都聽著佛陀為帝迦羅揭所做的這番解說。舍利弗最能深入領會佛

陀的意思，他覺得自己的心如太陽般光明，無法隱藏他的喜悅，他合掌禮拜佛陀。接著，深被佛陀的話語所感動的帝迦羅揭，也在佛陀面前跪下。迦鹿茶離和車匿也都被這個情境感動，他們覺得能親近佛陀是值得驕傲的，他們也對大道的信心更為增強了。

幾日後，毘提醯王后與一個侍從來到竹林為僧伽供食，又帶了一棵雞蛋花幼樹來種在佛陀的房子外面，以紀念他在宮中對孩子講說的故事。

在佛陀的帶導下，僧團在修道上的成績大有進展。舍利弗和目犍連的才智、勤奮和領導能力使他們成為僧團裡最為出色的人才。他們與憍陳如、迦葉合作，一起組織並領導僧伽。雖然僧團的聲譽日益擴大，有些人卻開始毀謗佛陀和僧伽，這其中有很多人是嫉妒國王大力支持僧團的他教信徒。在家弟子時常會前來竹林精舍，對這些謠言表示關注。似乎有一部分住在王舍城的人，對那麼多年輕富家子弟出家為比丘感到不滿。他們擔心不久的將來，王舍城所有的大家閨秀便再也找不到合意的丈夫了。他們警告大家，很多家族的香火可能都因此無法再延續下去了。

許多比丘聽到這類傳言都感到不悅，但當佛陀知道時，卻安慰比丘及在家眾：「這些事不用擔心，此等閒言遲早都會自動止息的。」正如佛陀所料，不到一個月，便沒有人再聽到這些閒言閒語了。

4

——

不會褪滅的美

　　雨季安居結束前兩個星期，一位異常美麗的女子來拜訪佛陀，她乘著一輛由兩匹白馬拖行的白色馬車前來。陪同她一起來的，是一個大概十六歲的少年。她的衣著和舉止風度都十分高貴典雅。她請一個年輕比丘帶路前往佛陀的房舍，但他們到達時，卻發現佛陀仍在行禪，尚未歸來。於是，那年輕比丘便請他們先坐在佛陀屋外的竹椅上等候。

　　沒多久，佛陀便在迦鹿荼離、舍利弗和那先沙摩羅的陪同下回來了。那女子和少年都站起來恭敬地鞠躬作禮，佛陀請他們坐下來後，自己便坐在另一張竹椅上。原來這位女子就是阿摩巴離，而少年就是頻婆娑羅王的兒子──戍博迦。

　　迦鹿荼離從來都沒有見過這樣美麗的女子。他才剛受比

丘戒一個月，一時間不知道應否直視美人，於是他便把眼睛垂下來，望著地上，那先沙摩羅也是同樣的反應，只有佛陀和舍利弗直接看著這女子的眼睛。

舍利弗望著阿摩巴離，然後再望望佛陀。他看到佛陀自然輕鬆的目光，臉龐就像個美麗的圓月。佛陀的眼睛清澈慈祥，舍利弗感到佛陀的從容、自在和喜悅，都在那一剎那間滲進了他的內心。

阿摩巴離也是直接望著佛陀的眼睛，而從沒有人像佛陀這樣看過她。在她的記憶中，所有的男人見到她都會感到不太自在或對她生起欲念。但佛陀看她的目光，就好像他在望著一片雲、一條河，或一朵花，她覺得佛陀似乎可以看到她心裡深處在想些什麼。於是，她合起掌來，向每個人介紹自己和兒子：「我是阿摩巴離，這就是我學醫的兒子，戌博迦。我們已久仰各位的大名，一直都盼望著今天這與你們會面的時刻。」

佛陀問戌博迦有關他學業上和日常生活的問題，戌博迦都一一禮貌地回答。佛陀看得出他是一個善良、聰穎的少年，雖然與阿闍世太子同父異母，但他的性格顯然比太子更具深度。戌博迦對佛陀充滿敬仰與愛慕，他告訴自己，將來完成學業後，必定要定居竹林附近，以便親近佛陀。

未見佛陀之前，阿摩巴離以為他不過就像她所見過的其他著名導師，但她現在發覺自己從未遇過像佛陀這樣的人。

阿摩巴離感到佛陀可以看到她心裡所想的。

他的眼神充滿著難以形容的慈和，似乎全然瞭解埋藏在她內
心深處的痛苦。僅僅是佛陀對她的凝望，已經把她的苦痛溶
解了大部分。她淚光盈睫，對著佛陀說：「大師，我一向命
苦。雖然我衣食無缺，錢財豐足，但一直以來，我的生命毫
無意義，直至今天，才是我生命中最快樂的一天。」

　　阿摩巴離原是一個非常出色的歌舞家，但她並不隨便為
人表演。行為態度惡劣或不合她心意的人，就算肯給她再多
金錢，她也不會為他們表演。她在十六歲的時候，經歷了一
次令人心碎的戀愛，之後，她遇到了當時還很年輕的頻婆娑
羅太子，雙雙墜入愛河，生下了他們的兒子戍博迦。然而，
宮中卻沒有一個人肯接納阿摩巴離和她的兒子，一些王族成
員更揚言，戍博迦只是太子在路邊的一個大桶子旁撿回來的
棄嬰。這些侮蔑大大傷害了阿摩巴離的自尊心，而因為宮中
的人對她萬般嫉妒，她也只得忍辱負重。最後，她發覺只有
自己的自由才是唯一值得維護的，於是她從此便不願意住在
王宮裡，也發願永遠不會再放棄她的自由。

　　佛陀溫和地對她說：「美麗的生和滅，正如其他現象一
樣，與名和利，都完全無異。只有從禪定中得來的平和、喜
悅與自由，才是真正的快樂。阿摩巴離，從今以後你要珍惜
生命的每一刻，不要讓自己迷失在不覺察或無意義的娛樂之
中，這是十分重要的。」

　　佛陀告訴阿摩巴離如何重新安排她每天的生活——修習

呼吸、靜坐、留心專注地工作並遵守五戒，她很高興能獲得佛陀這些寶貴的告誡。離開之前，她說：「我在城外有個芒果林，那裡十分清涼恬靜。我希望您和您的比丘能考慮到那兒一遊，那將會是我和兒子的莫大榮幸。佛陀世尊，請您考慮我的邀請吧！」

佛陀微笑接受。

阿摩巴離離開之後，迦鹿荼離稟請坐在佛陀旁邊。那先沙摩羅請舍利弗坐在另一張椅子上，他自己則站著，有幾個經過的比丘也前來加入他們的談話。舍利弗望著迦鹿荼離微笑，再望著那先沙摩羅微笑。然後，他對佛陀說道：「世尊，一個僧人應如何對待美色呢？美，尤其是女人的美，會障礙修行嗎？」

佛陀微笑，他知道舍利弗這個問題不是為自己，而是為其他的比丘而問的。他答道：「比丘們，一切法的真性，是超越美麗和醜陋的，美與醜都只是我們心中所創造的觀念，它們與五蘊是難分難解的。在一個藝術家的眼中，什麼都可以是美麗，什麼也都可以是醜陋的。一條河、一片雲、一片葉子、一朵花、一線陽光、或一個金黃色的下午，全都具備不同的美，我們這兒旁邊的金竹也非常美麗，但也許沒有任何美麗，會比一個女人的美更容易使一個男人動心。如果他被美色迷倒的話，便會失去道業。

「比丘們，當你們已因看透而得道，你們會看到美的依

然是美，醜的也仍然是醜，但因你們都已證得解脫，便不會
被繫縛於其中任何一邊。當一個解脫了的人看到美，他也同
時會看到其中包含著不美的部分。這個人已經明白萬物，包
括美與醜，其本質都是無常與空性，因此他不會被美所迷
惑，也不會抗拒醜陋。

「唯一不會褪滅和產生苦惱的美，就是慈悲和已得解脫
的心。慈悲就是無條件、無希求的愛心，已得解脫的心是不
受環境和外來因素所影響的。慈悲和已得解脫的心才是最真
的美。那美中的平和與喜悅就是真正的平和與喜悅。比丘
們，精進地修行吧！如此你們便會證得真正的美。」

迦鹿荼離和其他比丘都覺得佛陀這番話令人非常受用。

雨季終於過去了。佛陀提議迦鹿荼離和車匿先回迦毗羅
衛城傳報佛陀即將回去的消息，於是迦鹿荼離和車匿便立刻
準備動身。迦鹿荼離現在已是個穩重祥和的比丘了，他知道
城裡的人看見他現在的模樣，一定會十分驚訝。他期待著宣
布佛陀回鄉的消息，但要離開只有短暫小住的竹林，心中不
免感到有些遺憾。

5

重聚

迦鹿荼離向大王、王后和耶輸陀羅稟告了佛陀的歸期後，便一個人持著缽，往佛陀回迦毘羅衛城的路上與他會合。迦鹿荼離踏著一個比丘安詳緩和的步伐，日行夜息，路上只在小村莊停下來乞食。他每到一處，便告訴當地居民悉達多太子即將得道回鄉的消息。離開迦毘羅衛城九日後，迦鹿荼離便遇上了佛陀和一起同行的三百比丘，目犍連、憍陳如和迦葉兄弟都與其他的比丘留在竹林精舍。

在迦鹿荼離的提議下，佛陀和三百比丘，都在迦毘羅衛城以南三里的尼拘律園度宿。翌日早晨，他們便進城乞食。

看到三百名比丘穿著衲衣，平和肅靜地持缽慢行，城中的居民都留下了深刻的印象。他們抵達的消息，很快便傳到

宮中。淨飯王下令起駕,親自前往迎接兒子,王后和耶輸陀羅則在王宮裡焦急地等待。

當大王的座駕進入城的東部時,便遇上了比丘們,御駕車伕首先認出悉達多。「王上,他就在那邊!他走在最前面,而且他的衲衣比其他比丘的都長。」

興奮之餘,大王也認出那穿著橘黃衲衣的,就是自己的兒子。佛陀散發著威嚴,又像被一環榮光圍繞著。他手持乞缽,站在一間破陋的房屋前,在他的平靜專注之中,乞食就是那一刻他生命裡最重要的事情。大王見到一個衣衫襤褸的婦人從屋內出來,把一個細小的馬鈴薯放到他的缽裡,佛陀禮貌地向婦人鞠躬接受了,接著又繼續前往隔鄰的房子。大王的馬車離佛陀還有一段距離,於是便叫車伕停了下來,下車走向佛陀。佛陀這時也看見父親走近。他們彼此向對方走去,大王走著急步,佛陀依然是踏著平和輕鬆的步伐。

「悉達多!」

「父親!」

那先沙摩羅上前替佛陀拿著他手裡的缽,好讓他可以雙手拖著大王的手。淚水直流下大王滿布皺紋的臉頰。佛陀望著老父,眼裡充滿了溫暖的愛意。大王明白悉達多已非太子,而是一個受人尊重的精神導師。他雖然很想擁抱悉達多,但又怕這不甚適當,因此,他只合上掌向兒子鞠躬,就像一個國王向一位精神導師行禮一般。

佛陀轉頭對舍利弗說：「比丘們都已乞食完畢，請你帶他們先回尼拘律園。那先沙摩羅會陪我到王宮裡才用食，我們午後便會回到僧團。」

舍利弗鞠躬後便轉身帶比丘們回去。

大王仔細端詳了佛陀很久後才說：「我還以爲你會首先回家看看家人，誰知道你竟會先到城裡乞食，爲什麼你不回王宮裡吃呢？」

佛陀對大王微笑，「父親，我不是一個人回來，我是和一大團人同行的，一團比丘。我也是個比丘，就和其他比丘一樣，我也要行乞求食。」

「但你有必要在這個貧窘地區乞食嗎？釋迦族的人一向都沒有如此做過。」

佛陀又再微笑。「或許沒有釋迦族的人這樣做過，但所有的比丘都是這樣做的。父親，乞食是一種幫助比丘鍛鍊謙卑和平等心的修行。對我來說，接受窮苦人家施予一個小小的馬鈴薯，與受帝王的美食供養是無異的。一個比丘是可以超越貧富的界限的。在我的道上，一切皆平等。每個人，無論多麼貧窮，都可以證得解脫和覺悟。乞食並沒有把我的尊嚴降低，它只是認同所有人本有的尊嚴而已。」

淨飯王聽得有點呆住了。昔日的預言已應驗，悉達多眞的成了一個賢德之光耀遍天下的精神導師。牽著大王的手，佛陀與他一起走回王宮，那先沙摩羅跟隨在後。

耶輸陀羅告訴羅睺羅：「愛兒，那僧人就是你的父親。」

由於一個侍從看到比丘而高叫，才讓喬答彌王后、耶輪陀羅、孫陀莉難陀和年少的羅睺羅從露台上看到大王與佛陀這一幕。大王與佛陀快要走近時，耶輪陀羅轉過頭來面向羅睺羅，並指著佛陀說：「愛兒，你見到那拖著祖父的手，慢慢走近王宮大門的僧人嗎？」

羅睺羅點頭。

「那僧人就是你父親，跑去叫他吧！他有一些很特別的東西要傳授給你，你去問問他。」

羅睺羅跑下階梯，不到一會兒，已來到王宮的前院。他跑過去佛陀那裡，佛陀立刻知道這個向他走來的小孩就是羅睺羅。他張開手臂來擁抱他的兒子，羅睺羅仍然喘著氣，說道：「尊敬的僧人，母親說你有特別的東西要傳授給我，是什麼呢？可以給我看嗎？」

佛陀摸了摸羅睺羅的面頰，微笑著說：「你想知道我要傳授給你的是什麼嗎？別心急，過一段時間，我會慢慢把它傳授給你的。」

仍然執著父親的手，佛陀又執起孩子的手。他們三人一起進入王宮。喬答彌王后、耶輪陀羅和孫陀莉難陀從樓上走下來時，看見大王、佛陀和羅睺羅進入了御花園。春天的陽光暖得很舒服，到處都是鳥語花香。佛陀與大王及羅睺羅在雲石的長凳上坐下來，他也請那先沙摩羅坐下，就在這時，喬答彌王后、耶輪陀羅和孫陀莉難陀走進了花園。

　　佛陀立刻起身走向她們三人。喬答彌王后看起來非常健康。她穿著一件青竹色的紗麗。瞿夷如往昔一般美麗，只是臉上青白了一點。她的紗麗顏色白如新雪，也完全沒有穿戴任何珠寶飾物。佛陀十六歲的妹妹，身穿一件金色的紗麗，與她烏黑的眼睛相映成趣。她們幾個都合上掌來，向佛陀深深地鞠躬禮敬。佛陀也合掌鞠躬回禮，然後才叫喚：「母親！瞿夷！」

　　這兩個女人聽到他叫喚自己名字的聲音時，都同時哭了起來。

　　佛陀拖著王后的手，領著她到凳子上坐下來，然後問道：「我的王弟難陀呢？」

　　王后回答說：「他到外面去習武，應該很快就會回來了。你認得你的妹妹嗎？你說她是否長大了很多？」

　　佛陀端視著他的妹妹，他已經七年沒有和她見面了。「孫陀莉難陀，你現在已是個少女了！」

　　佛陀接著走到耶輸陀羅面前，輕輕執著她的手。她太感動了，被佛陀執著的手不禁顫抖起來。她被帶到喬答彌王后身邊坐下，接著，佛陀自己也坐下來。剛才走回王宮時，大王曾問了佛陀很多的問題，但現在卻沒有一個人說話，即便是羅睺羅也一聲不響。佛陀望著大王、王后、耶輸陀羅和孫陀莉難陀，每人的臉上都泛起了重聚的喜悅。過了片刻的沉默之後，佛陀說話了：「父親，我已經回來了。母親，我回

來了。瞿夷，你看，我不是回到你身邊了嗎？」

再一次，兩個女人又開始哭了，她們的眼淚是因喜悅而流的。佛陀讓她們低聲飲泣，卻叫羅睺羅來坐在他的身邊，親切地輕撫著孩子的頭髮。

喬答彌用紗麗的一角拭乾眼淚，望著佛陀笑著說：「你離開了很久啊！超過七年了。你可知道瞿夷是個多麼堅強的女人嗎？」

「母親，我一直都很清楚她深宏的勇氣。你和耶輸陀羅是我所認識的女子中最有勇氣的了。你們不僅給予丈夫瞭解與支持，也成為堅強女性的典範。有你們在我的生命中是我的幸運，這令我所做的事更容易成就。」

耶輸陀羅只是微笑，但沒有說話。

大王說道：「你已告訴我在尋道過程中直至苦修時的一些艱苦經歷，你可以為他們再說一遍，然後繼續講下去嗎？」

佛陀約略地述說他漫長的尋道歷程。他告訴他們自己與頻婆娑羅王在山上的相識，以及優樓頻螺的貧苦村童，又提及他那五個同修異行的朋友，以及在王舍城與比丘們所接受的隆重供宴。每人都靜心聆聽，就連羅睺羅也一動都不動。

佛陀的語氣溫和親切，他並沒有說太多細節和苦行那段時期的事情，他用他的話語把覺醒的種子種植在他至親的心裡。

　　一個侍從走過來在喬答彌耳邊細語，王后也輕聲回應他。不久，那個侍從在園裡準備了用午飯的桌子，食物剛放上去，難陀便出現了，佛陀很高興地和他打招呼。

　　「難陀！我離開時你還不過十五歲，現在已是成人了！」

　　難陀笑著。王后告誡他說：「難陀，以正確方式向你兄長行禮。他現在是僧人，合掌向他鞠躬吧！」

　　難陀鞠躬後，佛陀也鞠躬向他的弟弟回禮。

　　他們一起移至餐桌，佛陀囑咐那先沙摩羅坐在他旁邊。一個侍婢把水端來給他們洗手。大王問佛陀：「你的缽裡有什麼食物？」

　　「我乞得一個馬鈴薯，但我發覺那先沙摩羅卻什麼也沒有。」

　　淨飯王站起來。「請讓我從桌上供奉你們倆一些食物。」耶輸陀羅替大王拿著大盆的食物，讓大王為兩位比丘供食，把香米白飯和咖哩雜菜放進他們的缽內。看到佛陀和那先沙摩羅都專注安靜地吃著，其他人也都效法他們，只有鳥兒繼續在園裡歌唱。

　　吃過午飯後，王后再請大王和佛陀到雲石凳上坐下。一個僕人奉上一盆橘子，但只有羅睺羅在吃，因為其他人都已沉醉在佛陀所描述的經歷裡了。喬答彌王后發問得比其他人都多。當大王聽到佛陀形容他在竹林精舍的房子時，他提議為他在尼拘律園也建造一間同樣的房子，他又表示希望佛陀

能多留幾個月，以便對他們宣說大道。喬答彌王后、耶輸陀羅、難陀和孫陀莉難陀也都欣然同意大王的建議。

最後，佛陀說是他回到尼拘律園，與其他比丘會合的時候了。大王站起來說：「我想如摩揭陀的國王一般，請你和你的比丘到我的王宮裡應供。我也會同時邀請所有王族和政要到來，好讓他們可以聽你說法。」

佛陀表示他很樂意接受這個邀請，便決定七日後聚宴。耶輸陀羅表示希望在東宮私自設宴款待佛陀和那先沙摩羅，佛陀也接受她的邀請，但認為最理想的日期，是在大王的供宴後幾天。

大王本想下令用馬車送佛陀和那先沙摩羅回去的，但佛陀拒絕了，他解釋說他比較喜歡步行，於是，他們全家一起陪同兩位比丘走出王宮的外門。接著，他們便合上雙掌，向兩位比丘拜別。

6

清晨的陽光

悉達多回鄉的消息很快便傳遍了整個迦毘羅衛城，每天上午在城裡緩步乞食的比丘，也向居民印證了這個消息。很多家庭都對供養比丘並聽他們說法感到非常有興趣。

淨飯王發布了一道命令，令人民用旗幟和鮮花布置街道，歡迎佛陀和比丘前來王宮受供，他也立刻在尼拘律園建造了幾間小房子，讓佛陀和他的大弟子居住。很多人都前來尼拘律園與佛陀和比丘會面，看到這位前太子在街頭乞食而深受感動。佛陀回鄉，已成爲城中的熱門話題了。

喬答彌和耶輸陀羅本想前去探望佛陀的，但因忙於籌備供僧之宴，所以未能成行。大王準備邀請數千位賓客，包括全部的政府要員和城裡在政治、文化以及宗教團體方面擔任

要職的人士，他也下令全部的供菜必須爲素食。

難陀太子是唯一找到時間去探望佛陀的人。他聆聽佛陀爲他解說覺醒之道，也很關心、仰慕他的兄長，覺得自己對比丘的平靜生活十分嚮往。他甚至詢問佛陀自己是否適合做一個好比丘，但佛陀只是微笑。他知道難陀雖然是個有高尚情操和善良心地的青年，但他探尋人生意義並爲其奉獻的動機並不夠強烈。和佛陀在一起的時候，難陀就會很想出家，但當他一回到宮中時，他所見所想的便只有他那美麗動人的未婚妻——卡拉諾莉。有時，難陀自己也很想知道佛陀對他支吾其詞的態度有什麼看法。

供僧的宴會終於來臨了。全城，包括王宮在內，都布滿了鮮花彩旗來歡迎佛陀和他的僧團，城裡的居民都爲了歡迎這個民族英雄的歸來而忙個不停。樂師在兩旁站滿了群眾的街道上演奏著美妙的音樂，每個人都爭先一睹佛陀的風采。喬答彌和耶輸陀羅親自迎接所有大王邀請的賓客，瞿夷更遵照王后的意思，穿上高雅的紗麗並戴上首飾，表示對這次盛宴的尊重。

佛陀和比丘們踏著他們和緩的步伐，他們經過時，很多人都合掌鞠躬禮敬。父母們都讓小孩子騎在背上好讓他們可以看到比丘，人群中不時傳出鼓掌和歡呼聲。在這熱鬧的氣氛中，比丘們繼續專注地隨著他們的呼吸步行。

淨飯王在王宮的門外迎接佛陀和比丘，引領他們進入內

院。雖然這個年輕僧人曾經是太子，有些人仍不明白爲何他們要對他如此禮重，但所有的賓客還是都以大王爲榜樣，合掌向佛陀深深鞠躬。

佛陀和比丘們都入座後，大王便命侍從把食物獻上。他親自奉侍佛陀，耶輸陀羅和喬答彌則指揮僕人侍奉其他的賓客，包括婆羅門、苦行者和隱士。按照佛陀和比丘的習慣，每個人都默默地吃。飯食完畢，所有的鉢也都拿去洗淨歸還後，大王便合著雙掌站起來，禮請佛陀對在座的人開示法要。

佛陀靜下來一會兒，讓自己感覺一下現場在座的眾賓客。他知道他們對自己離開七年的經歷很感興趣，便先簡單敘述了一遍。之後，他便宣說無常、無我和緣起法。他告訴大家，在日常生活中要修習專注和覺察，讓自己能深入體會一切事物。如此，痛苦才得以終止，他們也才會得到平和與喜悅。他又說拜祭、供奉和誦經，並不是獲得解脫的有效方法。

佛陀教導「四聖諦」：苦（痛苦的存在）、集（痛苦的原因）、滅（痛苦的消滅）、道（導致痛苦消滅之道）。他說：「除了生、老、病、死之苦，很多其他的痛苦，都是自己創造的。由於無明與妄見，人們所說所做的，往往會爲自己和他人帶來痛苦。瞋恚、憤怒、多疑、嫉妒和氣惱都會產生痛苦，而這都是由於缺乏覺察力。你們自創的苦惱就像一

間火宅，把你們困在裡面，無法自拔，向神祈求禱告是無法讓你們重獲自由的。你們必須看清楚自己的內心和外境，拔除所有的妄見，因為妄見才是痛苦的根源。找到了痛苦的根源，才能明白痛苦是什麼，一旦明白了痛苦是什麼，你便不會為它所纏縛。

「有人對你發怒，你當然也可以對他發怒，但這只會增加痛苦。如果你是行覺察之道的人，便不會以發怒作為反應。你會把心安定下來，去尋求那人對你發怒的原因。經過深刻的省察，你一定可以找到那人惱怒的原因。假如你所發現的，是與你自己的錯誤行為有關，你一定會願意承擔令他惱怒的責任。如果你發覺自己沒有錯，也應該嘗試找出他對你產生誤會的原因。如此，你才能幫助他明白你的本意，進而避免增加大家痛苦。

「王上和所有貴賓！所有的痛苦都可以因深切的瞭解而排除。在覺察之道上，我們以細觀呼吸來保持專注，我們以守持淨戒來建立定力並達到了悟。戒律是導致和平快樂的生活原則，持戒可以幫助我們集中精神，使我們在生活上更加覺察、專注。

專念能使我們培養出照亮自心和外境本質的能力，有了這種能力，我們才能真正瞭解一切事物。

「有了瞭解，我們才能夠去愛。當我們瞭解一切，所有的痛苦也就可以消解。真正的解脫之道其實就是瞭解之道。

瞭解就是『慧』（prajna，般若），這種瞭解只能從深入洞察一切事物的本質而得。戒、定、慧就是導致解脫之道。」

佛陀停頓了一會兒，然後微笑，再繼續說道：「但痛苦只不過是生命的其中一面，生命的另一面是美妙的一面。我們一旦看到這一面，幸福、平和與喜悅便垂手可得。當我們的心擺脫了纏縛，便能直接接觸生命的神奇與美好。如果能真正掌握無常、無我和緣起法的真諦，就可以看到自己的心懷是何等的奇妙了。我們可以看到自己的身體、紫竹的枝葉、金黃的菊花、清澈的泉水和皎潔的月亮，都是何等美妙與神奇。

「因為我們一直被困在自己的痛苦之中，便失去了對生命美好一面的感覺。當我們破除了無明，那無限平和、喜悅、解放以至『涅槃』的境界便會出現。涅槃就是完全袪除貪、瞋、癡，它將帶來平和、喜悅和自由。各位來賓，找一點時間仔細看看一縷清泉或一道晨光，你能夠體驗到平和、喜悅和自由嗎？如果你仍被困在憂愁哀傷的牢獄之中，便不可能體驗到宇宙的奧妙與美好，包括你自己的呼吸和身心。我所發現的消除憂愁苦惱之道，需要去深深體會這些痛苦的本質。我曾與很多人分享此道，他們也都成功地為自己找到此道。」

每個人都深受佛陀的開示所感動。大王、王后和耶輸陀羅的心都充滿了快樂，都希望再多學一些關於洞察一切事物

本質的方法，以得到解脫和開悟。法會之後，大王陪同佛陀和比丘走到門外。賓客都一致恭賀大王有一個成就如此之高的兒子。

尼拘律園很快便被改建成為一座寺院。那顆古老的無花果樹正好提供了一大片樹蔭讓大家乘涼。很多新的比丘被剃度，也有很多包括釋迦族的在家人，都受持了五戒。

在王后和羅睺羅的陪同下，耶輸陀羅經常到尼拘律園探訪佛陀。她聽佛陀說法，又私底下請教佛陀有關修行與扶弱助貧的關係。佛陀教導她如何修習觀息和禪定，以達到內心的平和與喜悅。她也明白了，如果沒有平和喜悅，是很難真正幫助別人的。她學會了要用深切的瞭解去培養自己的愛心，也很高興發覺自己可以在幫助別人的時候，同時鍛鍊自己的覺察力。平和與喜悅是可以在工作之中獲得的，途徑與目的其實並不是兩回事。

至於喬答彌王后，她也在修行上有了很大的進步。

7

蓮願

　　耶輸陀羅王妃在宮中邀請佛陀、迦鹿荼離、那先沙摩羅和王后一起用餐，之後，她邀請他們一起前往她時常扶助貧童的小村莊，羅睺羅也和他們一起去。耶輸陀羅帶他們到那棵他孩提時初次在下面嘗試靜坐的蒲桃樹。佛陀慨歎時光飛逝，二十七年前的事彷如昨天發生的一般，經過這麼多年，樹已經長得很大了。

　　耶輸陀羅招呼一大群兒童來到了樹下。她告訴佛陀，從前在這裡認識的兒童已經全都成家立業，而且也有了他們自己的兒女了，這時圍在樹下的兒童，年齡由七歲至十二歲不等。佛陀來到時，他們立刻停止玩耍，分開站在兩旁讓佛陀從中間走過。耶輸陀羅曾教導他們如何向佛陀合掌作禮，他

們也放了一張竹凳在樹下讓佛陀坐，又鋪了一張毯子在地上讓喬答彌、耶輸陀羅和其他兩位比丘坐在上面。

佛陀很開心地坐在那兒，此情此景讓他想起了在優樓頻螺和村童們在一起的時光。他告訴兒童們關於牧童縛悉底和給他米乳的女孩──善生的故事。他提到對事物要有深切的瞭解，以培養愛心，又告訴他們自己如何救了堂弟所射殺的天鵝，孩子們都興致勃勃地聽著。

佛陀招手叫羅睺羅坐到他的跟前，接著，便告訴他們一個過去世的故事。

「很久以前，有一個叫彌伽的青年住在喜瑪拉雅山山腳下。他為人勤奮善良，雖然身無分文，卻依然離鄉入城，希望有機會能讀書。他只帶了手杖、帽子、水壺、一件外衣和身上所穿的衣服就起程了。沿路上，他在農村裡打工以賺取零用錢或食物，來到都城提婆波帝的時候，已經存了五百塊銅錢。

「他入城的時候，發覺城裡似乎正在籌備著什麼慶典，於是便向路人查明究竟。就在這時，一個手裡拿著一束半開蓮花的美麗少女從他身旁走過。

「彌伽向她詢問：『請問今天有何慶典？』

「那少女答道：『你一定不是提婆波帝的人，否則你一定知道今天是已開悟的大師燃燈佛的蒞臨之日，據說他如火炬般替眾生照亮著大道。他是頻伽摩陀大王之子，曾出家尋

彌伽向這位美麗的女子詢問，可否賣五朵蓮花給他，讓他供養燃燈
大師。

求真理，現在已得道歸來。因他的大道光明耀世，所以這裡的人大肆慶祝，以表示對他的尊崇。』

「聽到有開悟的大師前來，彌伽感到歡喜不已，很希望自己能給他一些供奉並請求被接納為徒。他問那女子：『你買這些蓮花要多少錢？』

「她望著彌伽，覺得他是一個挺聰明細心的青年。她答道：『我只買了五朵，其他兩朵是從我家的池塘採的。』

「彌伽再問：『那你付了多少錢買這五朵？』

「『五百銅錢。』

「彌伽想給她五百銅錢買下她的五朵蓮花作為給燃燈佛的供養，但那女子不肯，她說：『我買這些花是給自己作供養用的，並不打算把它轉賣給別人。』

「彌伽希望遊說她：『但你還可以用池塘摘來的那兩朵來作供啊！我求你讓我買那五朵吧！我很希望能有一點東西獻給大師。這是一生難遇的機會，如果你肯讓我買你的花，我一定永生感謝。』

「那女子只看著地上，沒有作答。

「彌伽再懇求她：『你讓我買那些花的話，我甘願為你做任何的事。』

「那女子有點兒窘，過了很久才看著他說：『我不知道我們前生曾有什麼因緣，但是當我遇見你的那一刻，就已經愛上了你。我雖然見過不少男子，但從未像現在一般心動。

我可以給你這些花朵，但你要答應今生以至生生世世，都讓我做你的妻子。』

「她把這些話非常快速地一口氣說出來，說完時差點喘不過氣。彌伽卻不知怎麼回應，經過一會兒的沉默，他說：『你很與眾不同，而且十分坦誠。我剛遇見你時，也覺得心裡有點特別的感覺，可是，我正在尋求解脫之道，如果我成了婚，修道時機成熟時便難免有所障礙。』

「女子答道：『你如果答應娶我爲妻，我便立願，當你修道時機成熟時，一定不會妨礙你離去。相反的，我更會盡力成就你的道業。』

「彌伽很高興地接受了她的要求，並與她一起前去見燃燈佛大師。擠擁的人群讓他們無法看到前方，但單是看到大師一眼，便足以使彌伽相信他是個徹悟的覺者。彌伽萬分喜悅，並發願自己有一天也要達到開悟。他設法走近大師以便獻上蓮花，但人群實在太洶湧了，讓他完全無法移動。他不知如何是好，只有把蓮花朝著燃燈佛的方向拋去，說也神奇，那些花卻剛好落在大師的手臂上。彌伽慶幸自己的誠心有感應，而那女子亦請彌伽替她把她的蓮花拋出去。她那兩朵花，也同樣落在大師手上。燃燈佛大聲呼問誰把蓮花拋來，並請他們出來，於是群眾便讓彌伽和那女子走上前去。彌伽和女子手牽手向燃燈佛鞠躬禮敬，大師望著彌伽說道：『我看到你心裡的眞誠，也知道你有決心修道以達至開悟來

拯救眾生。別擔心，終有一天在你的未來世，你會如願以償的。』

「接著，燃燈佛又看著跪在彌伽身旁的女子，對她說：『你將會是彌伽今生及所有未來生的知己。謹記你的願言，你要幫助他達到他的願望。』

「彌伽和女子都深受大師的話所感動，自始勤修覺者燃燈佛教導的解脫之道。

「孩子們，在那一生和接下來的多生多世，彌伽和那女子都成為夫婦。當丈夫要離開尋找精神大道時，他的妻子便竭盡所能幫助他，從來沒有妨礙丈夫。因為如此，她的丈夫也就對她感激不盡。最後，他真的成就大覺者，一如燃燈佛多世前所預料的。

「孩子們，名和利不是生命裡最重要的東西，名利消逝得很快。瞭解和愛才是世上最寶貴的。如果你們對事物有深切的瞭解和愛，你們便能領略到快樂。因為有了瞭解和愛，彌伽和他的妻子多世中都共享著幸福快樂。有了瞭解和愛，一切都能成就。」

耶輸陀羅感動得流下淚來，合掌向佛陀鞠躬。她知道這故事雖然是說給孩子們聽的，但佛陀其實是特別說給她聽的，這是向她道謝的方法。王后望著耶輸陀羅，她也明白佛陀說這故事的意思。她把手放在媳婦的肩膀上，告訴小童說：「你們知道彌伽在這一生是誰嗎？他就是佛陀。就在這

一生，他成就了正覺，但你們又知道誰是彌伽今生的妻子嗎？她就是你們都已熟悉的耶輸陀羅。也是有賴於她對丈夫的瞭解，悉達多太子才能追隨他的大道而證得覺悟，我們應該多謝耶輸陀羅的。」

小孩們一向都喜歡耶輸陀羅，他們轉過身來向她鞠躬以表示對她的敬愛，佛陀也被這情景打動了。他站起來，與迦鹿茶離和那先沙摩羅兩位比丘慢慢走回寺院。

8

新的信念

兩星期後，淨飯王邀請佛陀到宮裡與家人用餐，舍利弗也同時被邀請。喬答彌王后、耶輸陀羅、難陀、孫陀莉難陀和羅睺羅全都在場。在一家人親切和樂的氣氛下，佛陀教導他們如何隨著呼吸觀息，如何向內心體察自己的感受，以及行禪、坐禪的方法。他一再強調，如果在日常生活裡修習覺察專念，就可以免除生活上的擔憂、困惱和煩擾。

羅睺羅坐在舍利弗的身旁，把一隻小手放在老比丘的手裡，羅睺羅很喜歡舍利弗。

當佛陀和舍利弗要返回寺院時，一家人都陪著他們走到了大門口。難陀看到佛陀要合掌向每個人道別了，便替佛陀把缽拿了過來，但佛陀卻沒有把缽拿回來。難陀感到有些奇

怪，只好跟著佛陀走回寺院，希望找個適當的時機把鉢還給他。抵達寺院後，佛陀問難陀可否在寺裡住上一個星期，以深入瞭解比丘的生活。難陀一向敬愛長兄，便欣然答應了，其實，他也真的有點嚮往比丘的恬淡生活。一個星期後，佛陀又問他願不願意在自己的帶領下出家幾個月，難陀也毫不遲疑地答應了，佛陀便請舍利弗替難陀授戒，並給他一些基本指示。

佛陀曾與大王商討過讓難陀短期出家的事，大王也同意。難陀雖然是個好青年，卻缺乏了未來作爲一國之君所必須擁有的堅毅性格與決心。佛陀認爲，自己能幫助難陀培養清晰的思惟與堅決的意志，大王也十分贊同。

可是，不到一個月，難陀便開始憶念起他的未婚妻——美麗的闍羅芭達卡拉諾莉。他雖然極力隱藏他的思念，但佛陀卻對他的感受卻瞭若指掌。一天，佛陀對他說：「如果你想達成目標，首先必須克服你對感情的牽掛。讓自己全然投入修行並鍛鍊你的心吧！唯有如此，你才能成爲一個服眾的君主。」

佛陀又吩咐舍利弗特別安排，別讓難陀到卡拉諾莉居住的地區乞食。難陀獲悉後，心裡對佛陀又感激又怨恨，他知道佛陀能看透他的想法和需要。

羅睺羅很羨慕叔叔可以居住在寺院裡，他自己也很渴望這樣做。他請求母親的允許，但母親只撫著他的頭，告訴他

要等他長大很多之後才能成爲比丘。羅睺羅問他母親怎樣才能快些長大，她便告訴他要每天吃得好，而且要多運動。

一天，耶輸陀羅看到比丘們在王宮附近乞食時，她對羅睺羅說道：「你何不走到下面叫聲佛陀？再問問他有什麼東西要傳授給你。」

羅睺羅跑到樓下。他很愛母親，但也愛父親。長久以來，他都只和母親在一起，沒有和父親生活過一天，所以很希望自己能像難陀那樣，待在佛陀身邊。他跑過前院衝出南門，追上了佛陀，佛陀看到他笑著把手伸了出來。雖然春天的陽光已變得很猛烈，但羅睺羅感受到父親的愛和庇蔭，卻覺得受到了保護，他抬頭望著佛陀說：「在你身邊好涼快啊！」

耶輸陀羅在露台上看著他們，她知道今天佛陀會答應讓羅睺羅跟他回到寺院裡。

羅睺羅問佛陀：「你要傳授些什麼給我？」

佛陀說：「你到寺院來，我便親自傳授給你。」

他們回到寺院後，舍利弗把自己的食物分一些給羅睺羅，羅睺羅則靜靜地坐在佛陀和舍利弗中間吃著。他很高興能見到他的叔叔難陀，佛陀告訴他可以在舍利弗的房子過一夜。所有的比丘都對他很熱情，使他真想永遠留在寺院裡，但舍利弗對他解釋說，如果他想留下來，要先成爲比丘才行。羅睺羅拖著舍利弗的手，問他佛陀可否讓他受戒。他又

親自問了佛陀，佛陀點頭首肯，而且囑咐舍利弗為這個男孩剃度。

舍利弗起初還以為佛陀只是在開玩笑，但佛陀表情肅穆，他便問道：「但是世尊，一個這麼年輕的小孩，怎能當比丘呢？」

佛陀回答：「我們可以訓練他，為他將來受具足戒做準備。現在就先讓他發願成為初學僧吧！他可以負責在禪坐時替比丘們趕走來騷擾的烏鴉。」

舍利弗為羅睺羅剃頭，又為他授三皈依。他教導羅睺羅持四戒：不殺、不盜、不妄語、不喝酒。他拿了一件自己的衲衣，修改成適合羅睺羅的大小，然後又教他如何穿衲衣和持缽。羅睺羅看上去簡直就像是個小號的比丘，他和舍利弗睡在同一間房子，每天又隨著舍利弗到鄰近的村莊乞食。雖然上了年紀的比丘都是日中一食，但舍利弗擔心羅睺羅在這個成長期會缺乏營養，因此晚上讓他多吃一餐。在家的徒眾也特地為小比丘帶來了乳汁和更多的食物。

羅睺羅披剃的消息傳到宮中時，淨飯王很不高興。大王和王后都很掛念羅睺羅，他們起初以為羅睺羅只到寺院小住幾天，沒想到他竟然留在寺院當小學僧。沒有孫兒在家，他們都感到異常寂寞。耶輸陀羅則是悲喜交集，雖然她也十分惦念兒子，但想到兒子與父親相隔多年後能有機會親近，也感到很安慰。

　　一天下午，大王、王后和耶輸陀羅一起乘御駕前往寺院，佛陀親自出來迎接，難陀與羅睺羅也出來向他們問安。羅睺羅興奮地跑到母親的懷裡，耶輸陀羅也親切地擁抱著他，接著，羅睺羅又過去親親祖父母。

　　大王向佛陀鞠躬後，便語帶不滿地對他說：「當初你出家，我已飽受煎熬。不久前，難陀也離開了我，我實在不能忍受再失去羅睺羅了。一個像我這樣以家庭為重的男人，父子和爺孫的親密關係是非常重要的。你離開的時候，我皮如刀割，皮破之後，刀已割到肉裡，肉爛之後，現在刀已入骨。我真的認為你要重新考慮你的做法，我希望你將來未獲人家父母的批准，不應該替小童披剃啊！」

　　佛陀盡量安慰大王，一再解釋無常及無我的道理，他提醒大王，唯有不斷修習覺察專念，才是擺脫痛苦之鑰，現在難陀和羅睺羅都有這個機會了，佛陀勸他的父親應該替他們感到高興才是，更鼓勵他也在日常生活中好好修習覺察之道，以獲得真正的快樂。

　　大王終於覺得舒坦了一些，喬答彌和耶輸陀羅也都因為佛陀的這番話而感到較為心安。

　　當天稍後，佛陀對舍利弗說：「從現在開始，我們沒有獲得小童父母的批准，就不能接受他們加入僧團，請把這一點記在僧規裡。」

　　時間過得很快，佛陀和他的僧團已在迦毗羅衛城逗留了

六個多月了，比丘的數目也已增加至五百名，在家眾更難以計數。淨飯王又再贈與僧伽一塊土地來建寺，也就是城北的悉達多太子故宮以及圍繞該地的寬敞園林。舍利弗尊者安排了眾多的比丘在該地組織僧團、建立僧院生活，這新建的精舍將為釋迦國在修習大道方面奠下穩固的基礎。

佛陀希望可以趕回竹林精舍結夏安居，因為他答應過當地的比丘和頻婆娑羅王。佛陀離開前，淨飯王最後一次宴請他，並希望他能再為一家人和釋迦族的成員說法。

佛陀利用這次的開示說明如何將大道應用在政治上。他說大道能讓政界光明起來，幫助執政者為社會帶來平等與公正。他說：「修行大道能增長智慧和慈悲，把民眾治理得更好。你完全不需要藉著暴力，也可以為國家帶來和平與幸福。你不用施行處決、酷刑或囚禁，也不需要沒收人民財物。這不只是理想，而是可以真正實現的。

「當一個政治家具備足夠的智慧去瞭解、去愛，他才能看到困苦、悲哀和壓迫的真相。這樣的人，才有辦法改革政治制度，以解決貧富的懸殊問題並不再施壓。

「朋友們，政魁和統治者都應該做個好榜樣，不要生活在舒適的溫床裡，因為財富只會成為你與人民間的壕溝，而應過一種純樸而健康的生活。把時間用來服務人群，會比用在無聊的享受上更有意義。一個不做好榜樣的領袖，是不會獲得民眾的信任與支持的。如果你愛惜、尊重你的人民，他

們也會愛戴你、尊敬你。仁政與屬政不同，仁政不倚賴懲罰，而是依照覺醒之道，導致真正的幸福快樂。」

淨飯王與在座眾人都留心聆聽。佛陀的王叔——提婆達多和阿難陀的父親——斛飯王爺說道：「你所形容的仁政，固然很美好，但我認為只有你才具備如此的賢德性格來實現此道。你何不留在迦毘羅衛城來幫助釋迦國革新政制，帶給所有人民和平、安穩和快樂呢？」

淨飯王補充說：「我已經年老了，假如你真的肯留下來，我必定立刻讓位予你。以你的德行、誠信和才智，我肯定萬民都會在背後支持你的，我們國家的振興也就指日可待了。」

佛陀沒有立刻回答，只是微笑，並慈和地望著老父，他說：「父親，我已不再是一個家庭、一個民族或一個國家的兒子了。我現在的家庭就是眾生，我的家鄉就是大地，而我的身分就是有賴所有人慷慨布施的僧人。我選擇的這條路，並不是政途。我認為這條道路，是為眾生服務最好的方式。」

喬答彌王后和耶輸陀羅都知道自己不適宜在這種場合發表意見，但她們都被佛陀的話語感動得涕淚俱下，她們都知道佛陀所說的很有道理。

佛陀繼續對大王和在座人等宣說五戒，以及如何把它實行於社會、家庭之中。五戒是幸福家庭與安定社會的基石。他詳細解釋了每一條戒律之後，下結論道：「假如你想讓人

民團結，必先得到他們的信任。如果政界領袖都受持五戒，人民的信任必定增長。具備了這等信任，國家自然事事能成，也保證能帶來和平、幸福以及社會平等。創造以覺察為本的生活吧！過去的教理和主義未能建立起信任，更沒有鼓勵人人平等，讓覺醒之道提供一條新的道路和新的信念吧！

佛陀答應他們這次離開摩揭陀後，將來一定會再回到迦毘羅衛城的，大王和眾人也因此感到很快慰。

9

——

啊，喜樂！

　　佛陀離開迦毘羅衛城後，進入了北部的憍薩羅。他與一百二十名比丘同行，其中包括很多具貴族背景的年輕人。他們在末羅族的阿奴毘耶城附近的一個園林歇息，陪伴佛陀的有舍利弗尊者、迦鹿荼離、難陀和學僧羅睺羅。

　　佛陀離開迦毘羅衛城不到一個月，釋迦族一富有人家的兩個兒子，都想受戒為比丘，他們名叫摩男拘利和阿耨樓陀。他們擁有三座大豪宅，供三個季節使用。一開始是摩男拘利希望追隨幾個比丘朋友出家為僧，但當他知道弟弟也有此意，便改變初衷，因為摩男拘利家裡只有兩個兒子，他認為全部出家有些不妥。於是，他打算讓弟弟得償所願，去向母親請准出家。

　　但當阿耨樓陀稟請母親時，母親大力反對：「我一輩子的快樂就寄託在兒子身上，我絕不能忍受你出家的。」

　　阿耨樓陀提醒母親當時出家的貴族大有人在，他又告訴母親，修行不只能讓出家的人平和快樂，更可使家庭社會都變得更融洽。因為阿耨樓陀曾在尼拘律園參加過多次佛陀的法會，所以為母親解說時顯得頭頭是道。最後，他母親說：「好吧，我就讓你去吧。但有一個條件你要先做到，就是要讓你的好朋友巴帝耶也隨你一起去當比丘。」

　　他母親十分肯定巴帝耶是不會願意當比丘的，他在朝庭裡任職高官，權位和名望都是一般人難以捨棄的，更遑論只是為了追求清貧的比丘生涯。但阿耨樓陀一點也不浪費時間，立刻去找他的好朋友。巴帝耶是北方數個省份的總督，統領很多軍隊，總督宮殿也守衛森嚴，辦公總部更是整天不斷有重要人士進出。

　　巴帝耶把阿耨樓陀當作貴賓來接待。

　　阿耨樓陀告訴他說：「我想出家追隨佛陀成為比丘，但你卻是我不能這樣做的原因。」

　　巴帝耶大笑起來，「你在說什麼？我哪有阻止你當比丘？如果可以的話，我只會盡量成全你。」

　　阿耨樓陀於是向他說明了自己的處境。最後，他說：「剛才你說願意成全我，現在唯一的辦法就是你也去當比丘。」

巴帝耶覺得被難倒了，他並非對佛陀的覺醒之道不動心，其實他早已嚮往比丘的生活，只是暫時不可能罷了。他答道：「七年後，我便會當比丘，你等著吧。」

「七年的時間太長了，都不知我到時是否還活著。」

巴帝耶又大聲笑起來，「你為何這麼悲觀呢？好吧，就給我三年，到時我一定會去當比丘。」

「即使是三年的時間都太難熬了。」

「好吧，那七個月吧！我需要一些時間安排家裡的事情，還要找人代我處理政務。」

「為什麼一個準備出家的人，需要那麼多時間打點一切呢？一個比丘應該可以隨時放下一切去修行自由解脫之道的，等得愈久便愈容易改變主意。」

「好了，好了，我的朋友。給我七天的時間就與你一起出家吧！」

阿耨樓陀喜出望外，回家告訴了母親這件事。她做夢也想不到巴帝耶總督竟然這麼容易放棄自己的權勢與高位。她突然感到解脫之道的強大力量，也比以前更能夠接受兒子出家了。

阿耨樓陀更慫恿他的幾個好朋友加入他的行列，他們是薄功、金毘羅、提婆達多和阿難陀，他們全都是王族血統的公子。他們約好了一天，在提婆達多的家裡集合，出發尋找佛陀。除了阿難陀是十八歲之外，其他人都已成年了，但阿

難陀早已獲得父親的允許，讓他跟隨兄長提婆達多。他們六人乘坐馬車來到近憍薩羅的邊境，因為他們聽說佛陀正在阿奴毘耶附近。

阿耨樓陀提議大家在過境前把身上的飾物全部脫下來，將項鍊、戒指、手環等全裹在一件斗蓬內，並同意找個窮苦人家送給他。他們留意到路旁有間小型理髮店，由一個與他們年紀相仿的男子掌管著，他雖然衣著簡陋，但樣貌端好。於是阿耨樓陀走進店裡請教他的名字。

那年輕理髮師答道：「優婆離。」

阿耨樓陀問優婆離可否指引他們越過邊境，優婆離很樂意地親自帶領他們。分手時，他們把所有的珠寶全都送給了他。阿耨樓陀說道：「優婆離，我們想追隨佛陀成為比丘，這些珠寶對我們已經沒有用了，我們想把它送給你。這些東西應該足夠讓你下半生過得安枕無憂了。」

幾位公子與優婆離道別後，便越過了邊境。這個年輕理髮匠把包裹打開時，被這些閃閃發光的寶石嚇到了，因為他來自社會的最低階層，連一兩金子或一枚小小的戒指都不曾擁有過，現在在他眼前的，卻是一大包的珠寶。他並不覺得開心，反而慌張了起來，他雙手緊抱著這包寶石，一向以來的安全感突然全部消失了。他知道會有很多人為了得到這些東西而動殺機的。

優婆離細心思量，那些王族公子都寧願捨棄名位與財

富，只想成為比丘，他們肯定是發現了名位與財富所帶來的只是危險與負累。一念間，他也想放下這包珠寶，跟隨這些公子去尋找真正的平和喜悅與解脫。沒有絲毫的猶豫，他隨即將包裹掛到樹枝上，讓第一個路過的人拿去。他越過邊界，很快便趕上幾位王孫公子。

看見優婆離從後頭走上來，提婆達多很詫異地問道：「優婆離，你怎麼跟上來了？我們給你的那些珠寶呢？」

優婆離喘著氣，解釋說他已經把珠寶留給第一位過路客，並表示他對財物不感興趣，希望能加入他們的行列，在佛陀的教導下成為比丘。

提婆達多笑起來，「你想成為比丘？但你只是……」

阿㝹樓陀趕緊把提婆達多的話打斷，說道：「很好！很好！我們很高興你能加入。佛陀的教導，就是僧伽如大海，所有的比丘則是流入大海，與之合一的河川。雖然我們出自不同的階級，但加入僧團之後，我們便成為沒有任何隔閡的兄弟了。」

巴帝耶伸手與優婆離握手，他自我介紹為釋迦國北部的前總督，又介紹其他的公子讓優婆離認識。互相行過見面禮之後，他們一行七人繼續踏上了旅途。

第二天，他們到達了阿奴毘耶，獲悉佛陀正住在城東北兩里外的一個森林，便直接前往森林拜會佛陀。巴帝耶代表大家，向佛陀道明來意。佛陀同意接受他們為比丘，巴帝耶

還表示：「我們希望你可以先替優婆離剃度，好讓我們先禮他爲師兄，以剷除我們之間所有虛妄的傲慢和歧視。」

佛陀也就先替優婆離授戒。由於阿難陀只有十八歲，只好被授予初學僧戒，待他滿二十歲後才受具足戒。現在，除了羅睺羅，僧團裡最年輕的比丘就是阿難陀了，羅睺羅當然十分高興能見到阿難陀。

受戒後僅三天，他們便隨著佛陀和眾比丘前往毘舍離。他們在當地的摩訶婆提園林住了三天，接著走了十天才抵達王舍城的竹林精舍。

迦葉、目犍連和憍陳如三位尊者與竹林精舍的六百比丘都很高興再見到佛陀。頻婆娑羅王知道佛陀回來，更立刻前來拜訪，一時間竹林精舍充滿了歡樂的氣氛。雨季即將來臨，憍陳如和迦葉尊者都已作好安居的準備了，這是佛陀證道後的第三次安居，第一次是在鹿野苑，第二次則在竹林精舍。

巴帝耶在從政之前，曾經全心全意研究精神生活之道，現在來到竹林精舍，在迦葉的教導下，他精進專注地修行，把全部的時間都用來禪修，寧可睡在樹底下而不睡在房子裡。一晚，他在樹下禪坐時，親身體驗到從未經驗過的大喜悅，而不禁高聲讚歎：「啊，喜樂！啊，喜樂！」

附近的一名比丘聽到了他的叫聲，便在翌日早晨報告佛陀。「世尊，我昨晚禪坐時，聽到巴帝耶比丘高呼『啊，喜

樂！啊，喜樂！』。他可能還惦記著昔日的名位與財富，所以我來向您報告。」

佛陀只是點點頭。

午食之後，佛陀作了開示。接著，他請巴帝耶出來，在僧眾和在家眾前問他：「巴帝耶，你昨晚深夜禪坐時，是否高呼『啊，喜樂！啊，喜樂！』？」

巴帝耶合掌答道：「師父，我昨夜的確如此高聲呼喊。」

「你可以告訴我們原因嗎？」

「世尊，昔日我貴為總督，生活在名利與權勢之中，走到哪裡都有四名士兵在左右保護著，宮中日夜有守衛巡邏，但我始終沒有一刻覺得安全，反而無時無刻都在擔憂、恐懼。現在則不同了，我可以自由自在地在森林裡坐臥，毫無恐懼。相反地，反而覺得輕鬆平靜，而且感受到前所未有的愉悅。師父，過比丘的生活，使我再也不覺得有任何放不下的人或物，而且獲得了無限的喜樂與滿足，我現在就像森林裡一頭自由奔放的鹿。昨晚禪坐時，這種體驗讓我不禁高呼『啊，喜樂！啊，喜樂！』。請原諒我打擾了您和諸位比丘。」

佛陀在眾人之前稱讚巴帝耶，「真是好極了，巴帝耶。你已經在自足和斷執的修行上跨越了一大步。你所感受到的喜樂，是諸天人神都嚮往的！」

安居期間，佛陀爲很多新比丘授戒，其中包括一個很有天份的青年，名叫摩訶迦葉。摩訶迦葉是摩揭陀首富的兒子，他父親的財富之多僅次於國庫。摩訶迦葉的妻子，是來自毘舍離的迦毘羅梨，兩人結婚已經十二年，都很渴望追隨精神之道。

一天清早，摩訶迦葉比他的妻子早起，忽然看見一條毒蛇正從妻子垂在床邊的手臂旁爬過。摩訶迦葉連呼吸也不敢，唯恐驚嚇到這條蛇。不久後，那毒蛇才慢慢繞過迦毘羅梨的手，爬出房間外。這時，摩訶迦葉才叫醒他的妻子，告訴她剛才的情形。由於深刻感受到了生命的無常與短暫，迦毘羅梨鼓勵摩訶迦葉盡快找位名師學道。他曾聽過佛陀的名字，便立刻前往竹林精舍。他一見到佛陀就知道他是一位眞正的導師，佛陀也一眼看出摩訶迦葉是個極有深度的人，因此爲他授戒爲比丘。摩訶迦葉告訴佛陀他的妻子也有意出家修道，但佛陀給他的答覆是，女眾出家的時機尚未成熟，要她耐心等待，日後有機會再加入僧團。

10

——

等待天明

　　雨季過後三天，一個名叫善達多的年輕人來拜訪佛陀，禮請佛陀前往憍薩羅說法，講解覺醒之道。善達多是一個非常富有的商人，住在波斯匿王統治的憍薩羅國都城舍衛城。當地的人民都知道善達多是位慷慨的大慈善家，因為他總是從自己的收入中撥出大筆的錢財來救助孤寡貧弱。對他人的每一分幫助，都帶給他許多滿足與快樂。當地人為他起了一個外號叫「給孤獨長者」，意思是「照顧貧困孤獨者的人」。

　　善達多不時前往摩揭陀做買賣。在王舍城時，他會投宿在妻子的兄長家，他的大舅待他很好，每次都對他照顧得非常周到，讓他住得很舒適，沒有任何短缺。雨季的末期，他正好住在他大舅家裡，但這次與往常不同，大舅並沒有為他

打點一切，而且似乎忙著指揮家人和僕婢準備著什麼美筵。善達多抵達時，發覺周圍的人都處在一片忙碌之中，便詢問他們是否在籌備結婚紀念或忌辰。

他的大舅答道：「我明天將宴請佛陀和他的比丘前來受供。」

善達多覺得很奇怪，問道：「佛陀不是『覺者』的意思嗎？」

「對啊，佛陀就是一位覺者，他是開悟的大師。他容光煥發，妙相莊嚴，你明天就有機會與他見面。」

善達多也不知何故，一聽到佛陀的名字，心裡便充滿了歡喜。他請大舅坐下，請他多說一些有關這位大師的一切。大舅告訴他，當初是看見在街上乞食的比丘的平和樣貌，才促使他前往竹林精舍聽佛陀說法的，之後他便成了佛陀的在家弟子，還在竹林建了數間茅寮供養比丘，使他們不必受日曬雨淋。他一天之內，監督了六十間茅寮的建設施工。

善達多心想，或許是前生的宿緣，總覺得自己對佛陀充滿了無限的敬愛。他實在無法等到翌日中午才會見佛陀，因而徹夜難眠，輾轉反側等待著天明，想要在一大清早先往竹林精舍拜會佛陀。他曾三次醒來查看是否已經天亮，但每次外頭都仍是一片漆黑。由於難以入睡，他只好起床，穿上衣服鞋履，走出門外。外面朦朧的霧氣冷冰冰的，他通過了濕婆伽門直往竹林去，抵達時，竹葉間剛透露出第一道晨光。

他知道自己渴望見到佛陀，但心裡卻又戰戰兢兢的，爲了讓自己安定下來，他輕聲對自己說：「善達多，不要擔心。」

就在這時，行禪中的佛陀剛好經過了善達多身旁，他停下來輕呼：「善達多。」

善達多合掌向佛陀鞠躬頂禮，然後一起走回佛陀的房舍。善達多更問佛陀昨夜睡得如何，佛陀說他睡得很好，善達多則告訴佛陀，他因急著前來與佛陀見面而徹夜難眠。他又請教佛陀大道之義，佛陀便爲他講說瞭解與愛心的重要。

善達多感到非常高興，跪在地上請求佛陀接納他爲在家弟子，佛陀欣然答應了。善達多又邀請佛陀和他的比丘，翌日在他大舅家接受他的供養。

佛陀淺笑，「我和比丘今天都已被宴請到你大舅家裡受供，沒有道理明天又再到那裡受供吧！」

善達多說：「今天是我大舅作主人，明天將由我作供主。很抱歉我在王舍城沒有家宅，懇請您接受我的邀請。」

佛陀微笑答允。高興至極，善達多鞠躬禮謝，立刻回去幫忙大舅安排當天的供宴。

善達多在大舅家裡再次聽聞佛陀的開示，眞的感到無窮的喜悅。佛陀說法完畢之後，善達多親自送佛陀和比丘到門外，然後又立刻趕往準備翌日的供宴。他的大舅也很熱心地幫他的忙，還說：「善達多，你仍是我的客人，不如就讓我安排一切好了。」

　　善達多當然不肯，堅持要自己支付一切開銷，只讓大舅幫他做一些瑣碎的工作。

　　第二天，善達多再一次聆聽佛陀說法，心裡就像花兒綻放的感覺一般。他跪在地上說道：「佛陀世尊，憍薩羅的人民還沒有機會歡迎您和僧伽到那兒爲他們講說覺醒之道，懇請您考慮我現在的邀請，前來憍薩羅住一段時間吧！請向憍薩羅的人民展現您的慈悲。」

　　佛陀答應會和他的大弟子磋商，在幾天內給他答覆。

　　幾天後，善達多造訪竹林精舍時接獲喜訊，知道佛陀已經決定應他的邀請前往憍薩羅走一趟，但佛陀想知道舍衛城附近有沒有適當的地方可供眾多的比丘居住。善達多答應一定會找到適合的地方，並會供給他們一切所需，他又提議希望舍利弗尊者可先行與他到憍薩羅，協助他籌備迎接佛陀的大駕。佛陀問舍利弗的意見如何，舍利弗表示很樂意跟善達多先行前往。

　　一個星期後，善達多來到竹林與舍利弗會合。他們一起出發，渡過恆河，到達毘舍離。在當地，他們接受阿摩巴離的招待，並下榻在她的芒果園。舍利弗告訴她，佛陀將會在六個月後與比丘們路經毘舍離前往憍薩羅，阿摩巴離表示她到時一定會善盡地主之誼，爲他們供應食物和居住的地方。她還告訴舍利弗和善達多，能夠這麼做實在是她的光榮，她同時也嘉許善達多對慈善工作不遺餘力，並鼓勵他盡力邀請

佛陀前往憍薩羅弘法。

與阿摩巴離道別後，他們沿著阿夷羅跋提河向西北而行。善達多從未步行過這麼遠的路途，因為他是習慣乘馬車的。每到一處，善達多便向當地居民宣布佛陀和僧伽即將路過的消息，並囑咐他們要給予僧團熱烈的歡迎。

「佛陀是已經醒悟的大導師，準備盛大歡迎，並慶祝他和僧團的來臨吧！」

憍薩羅這個國家地大物博，民生豐裕，一點兒也不比摩揭陀差。它的南面以恆河為界，北面接鄰喜瑪拉雅山脈，每個地區的人都認識善達多又或他的外號「給孤獨長者」，人人都很信任他所說的話，並十分期待與佛陀和僧伽的會面。每天早上，當舍利弗尊者到外面乞食時，善達多都會向居民述說佛陀的事蹟。

一個月後，他們終於抵達了舍衛城。善達多在家裡宴請舍利弗，並介紹他認識自己的父母和妻子。他請舍利弗為他們開示佛法，他的父母和妻子也都要求受三皈五戒。善達多的妻子是名高貴可愛的女子，名叫補納洛迦納。他們有四個孩子──三女一男。女的名字分別叫做大妙跋達、小妙跋達和妙摩揭陀，兒子最年幼，名叫羅邏。

舍利弗每天早上在城裡乞食，夜間則在森林或河邊度宿。作為東道主，善達多立即四處尋找適當的地方，供佛陀和比丘居住。

11

黃金鋪地

善達多尋訪的地方之中，景色最優美、最恬靜怡人的，就屬祇陀太子的園林了。善達多心想，如果他可以取得該地，那將會是佛陀來憍薩羅弘法時最理想的地點。善達多於是前往謁見祇陀太子，當時太子正在款待一位大臣。善達多作禮之後，坦白表明了來意，欲向太子購買這座園林作為佛陀的道場。祇陀太子不過二十歲，這座園林是他父親波斯匿王一年前送給他的禮物。太子望了望大臣，再轉過頭來望著善達多回答道：「這座園林是我父親送我的禮物，我對它特別喜愛，而且非常執著。你要我割愛的話，除非你把每一寸的地面都鋪上金幣。」

祇陀太子如此戲言，當然沒想到這位年輕商人會把他的

話當真，但善達多卻這樣回答他：「我接受你的開價，明天就把金幣運到園林來。」

祇陀太子愕然，「但我只是說笑罷了，我不是真的想把園林賣出去的，你不用把金幣運來了。」

善達多很果決地回答：「尊貴的太子，您是王族的成員，要承擔您說過的話啊！」

善達多看著正在喝茶的大臣，希望獲得他的支持，「大人，我說得對嗎？」

那大臣點點頭，對太子說：「給孤獨長者說的是真話，假如您沒有開價，那又另當別論，但您現在是不能反悔了。」

祇陀太子唯有就範，暗地裡卻希望善達多無法達到他的要求。善達多隨即與他們禮別。翌日清早，善達多派遣僕人運送許多馬車的金幣前往園林，並命令他們將所有的地面蓋滿金幣。

看見這麼多黃金，祇陀太子被嚇呆了。他明白這並非一個普通的交易，他反問自己為何會有人為了買這個園林，肯出如此高的代價。那佛陀和他的僧團必定很不尋常，才會驅使這個商人這麼做。太子於是請善達多告訴他關於佛陀的事情，善達多提起他的師父佛陀、佛法和僧伽的時候，整個人都變得精神煥發，他答應第二天帶舍利弗尊者來見太子。祇陀太子這時已被善達多所述說的，關於佛陀的事蹟所打動

了。他見到地上的金幣已鋪滿了三分之二的園林，當第四車開進來的時候，他便舉起手來把它停住。

太子對善達多說道：「金幣已經足夠了。剩下來的土地，讓我送出來，贊助這美好的計畫吧！」

聽到太子這麼說，善達多非常高興。太子一見到了舍利弗，就被他安穩平和的風範所攝。他們一起前往園林視察，而善達多已決定把這裡定名為「祇園精舍」或「祇陀林」，以表示對太子的敬意與感謝。善達多提議舍利弗先住在祇園精舍指揮精舍的興建，他和他的家人會每天為他供應食物。善達多、舍利弗和太子三人，一起研究房舍、講堂、禪堂、茅廁等的建築，善達多建議在園林入口建造一道三重的大門，舍利弗則提供了很多建設精舍的寶貴意見，因為他在這方面經驗豐富。他們又選擇了一處清幽涼快的地點來興建佛陀的房子，更一起監督開路挖井的工程。

城裡的人很快便聽說了善達多在地上鋪金來購買太子園林的事，他們又聽說將會有一座新建的寺院來歡迎即將從摩揭陀前來的佛陀和僧伽。舍利弗已經開始在祇園精舍說法，前來聽法的人也與日俱增。雖然這些人都還未與佛陀見面，但他們都已對他的教化甚感嚮往。

四個月後，精舍的工程已接近竣工。舍利弗起程前往王舍城以便與佛陀和比丘會合，帶他們到祇園精舍。他們在毘舍離的路上相遇，數百名比丘正在街上乞食。他獲悉佛陀和

比丘數日前才抵達毘舍離，住宿在附近的大樹林。佛陀問及了舍衛城的籌備工作，舍利弗便一一向佛陀報告。

佛陀又告訴舍利弗，他留下了憍陳如和優樓頻螺迦葉在竹林精舍看管僧眾，與他同行的五百比丘，將會有二百名留在毘舍離一帶修行，其餘三百名比丘，則會隨同他前往憍薩羅。他告訴舍利弗翌日將會到阿摩巴離家中接受供養，隔天，他們便會起程前往舍衛城。

阿摩巴離很慶幸自己有機會為佛陀和比丘們在芒果園供食。她唯一感到遺憾的就是，兒子戌博迦因學業的關係不能出席。就在供宴的前一天，她遇到一件奇怪的事。在探訪佛陀結束後的回程上，她的馬車被幾位離車族的公子攔截住，他們來自毘舍離最有財勢的家族，所駕用的車馬都比一般的華麗。他們問阿摩巴離趕往何處，當她告訴他們要趕回家去籌備供宴時，這幾個年輕貴族提議她放棄宴請佛陀，改為宴請他們。

他們說：「如果你宴請我們的話，我們願意付你十萬個金幣作為酬謝。」他們認為宴請他們總比宴請一個僧人來得熱鬧，而且有益。

阿摩巴離對此完全沒興趣，她答道：「我肯定你們不知道佛陀是什麼樣的人，否則你們便不會口出狂言。我一早就已準備好要宴請佛陀和僧伽，就算你送我整個毘舍離城和它四周的土地，我也照樣會拒絕你們的。現在麻煩你們讓開，

讓我通過。爲了明天的宴會，我還有很多事要做呢。」

離車公子知難而退，只好讓她通過了。誰知道，這幾位公子和阿摩巴離相遇之後，都因爲阿摩巴離對佛陀的讚頌而引起了他們對佛陀的興趣，於是他們決定親自去找這位大師，看看他到底是什麼樣子，他們在大樹林的入口下車後，便步行入內。

佛陀見到了他們，知道他們都具有慈悲和智慧的種子，請他們坐下之後，便講述自己一生尋道的過程。他告訴他們消除痛苦和實現解脫之道，他知道這幾個年輕人屬於他自己也曾屬於過的武士階級。看著他們，就像看到年輕時候的自己，因此他對這些青年有很深刻的瞭解。

他們的心扉都被佛陀的話語打開了，他們發覺，這是他們第一次眞正看到了自己，也明白了名位與權勢並不能帶給他們眞正的快樂，直到現在，他們才發現自己應走的道路，他們請求佛陀收他們爲徒，又請佛陀和僧伽在翌日接受他們供養。

佛陀說：「我們明天已接受了阿摩巴離的邀請。」

這時，青年們才記起了與阿摩巴離的相遇。

「那我們便在後天給您們供養吧！」

佛陀微笑接受了。

第二天，阿摩巴離邀請了她所有的親友前往芒果園，也請了離車族的幾位公子前來聽佛陀說法。

翌日，佛陀和一百名比丘來到公子們的宮中，接受烹調精美的素食供養，公子們更獻上園中剛摘採的水果，包括了芒果、香蕉和蒲桃。用餐過後，佛陀便爲他們講說「緣起法」和「八正道」。每個人的心都被法義深深感動，有十二位年輕公子請求受戒爲比丘。佛陀很樂意地接受了他們，其中的奧達陀和善星，都是在離車族中極具影響力的人物。

晚宴和法會結束後，一班公子懇請佛陀來年再來毘舍離居住，他們答應會在大樹林建造一座精舍來容納數百位比丘，佛陀欣然應允了。

第二天早上，阿摩巴離來拜訪佛陀，表示希望把芒果園林贈予佛陀和僧團，佛陀答應接受之後，便和舍利弗以及三百比丘向北邊出發，前往舍衛城。

12

——

有誰見過我的母親？

　　舍利弗現在已很熟悉前往舍衛城的路徑了。因為舍利弗與給孤獨長者早已培養好沿途居民對佛陀和僧團的好感了，所以他們所到之處，都受到熱烈的歡迎。他們晚間在阿夷羅跋提河沿岸的樹林中度宿，白天則分成三隊前進。佛陀和舍利弗帶領第一隊，第二隊由馬勝領導，第三隊則由目犍連負責。比丘們一路上都保持著平和安詳的步伐，有時，地方居民也會聚集在岸邊或林中聽佛陀說法。

　　他們一行人抵達舍衛城那天，善達多和祇陀太子前來相迎，並帶他們到新落成的精舍。看到祇園精舍的設施如此優良，佛陀對善達多稱讚不已，善達多則謙稱這全賴舍利弗尊者和太子的功勞。

學僧羅睺羅現在已十二歲了，他本來是依止舍利弗爲師的，但因舍利弗外出達六個月之久，因此他這段時間便依止目犍連尊者，現在來到祇園精舍，他又可以再回到舍利弗的輔導之下了。

當天，祇陀太子和善達多特地設宴歡迎佛陀的蒞臨。與舍利弗接觸期間，太子已對佛陀深深仰慕，他們邀請了當地所有的居民前來聆聽佛陀的開示，參加的人非常踴躍，其中包括有太子的母親摩利王后，和他的十六歲妹妹——跋吉梨公主。對佛陀名聞已久的群眾，都急欲親睹他的尊容，佛陀則爲他們講說四聖諦和八正道。

法會之後，王后和公主頓時覺得茅塞頓開，都很想成爲佛陀的在家弟子，但又不敢作此請求，因爲王后必須先取得她的丈夫波斯匿王的同意。她知道大王短期內必有機會與佛陀會晤，而到時他必定也會和自己一樣，對佛陀印象深刻。波斯匿王的妹妹就是頻婆娑羅王的妻子，她早於三年前就已皈依佛陀的座下了。

當日的法會，也有很多舍衛城的宗教領袖來參加，他們大都是爲了好奇而來。一部分的人在聽了法之後也頓覺有所領悟，另有一些人，視佛陀爲一個挑戰他們信念的強敵，但所有的人都一致認爲，佛陀待在舍衛城，肯定會爲憍薩羅人的精神生活帶來重大的影響。

宴會和法會都結束後，善達多恭敬地跪在佛陀面前說

道：「我的家人和我，以及我所有的親朋好友，供送祇園精舍給您和僧團。」

佛陀說：「善達多，你真是功德無量。僧團今後便因你而得以避免日曬雨淋和蛇蟲鼠蟻的侵擾了。未來將會有比丘從四面八方來到這裡，我知你全心全意護法，希望你也能如此虔誠地修行大道。」

第二天早上，佛陀和比丘到城裡乞食，舍利弗將比丘分成十二組，每組十五人。比丘在城中的出現，再次引起了居民對祇園精舍的興趣，人人都羨慕比丘平靜和悅的舉止。

佛陀每星期在祇園精舍舉行一次法會，參加的人數眾多，不到多久，波斯匿王便得悉佛陀在當地所造成的旋風了。他雖忙於國事，沒有時間親往聽法，但從朝廷裡，他已聽到很多有關祇園精舍和這些來自摩揭陀的比丘的消息。一天吃飯時，他主動提起了佛陀這個話題，摩利王后便告訴他祇陀太子對建寺的貢獻。大王向太子詢問詳情，太子便從頭細說他所知所見的一切，太子還希望大王批准，讓他成為佛陀的在家弟子。

波斯匿王很難相信一個像佛陀這麼年輕的僧人，可以證得真悟。依照太子所說，佛陀只有三十九歲，和大王自己同年紀。大王認為，佛陀的成就不可能會超過那些如富樓那迦葉、末迦利瞿舍梨子、尼乾陀若提子（尼乾子）和刪闍耶毘羅胝子等長者。雖然大王很想相信兒子所說的話，但卻難免

有些懷疑，於是，他決定有機會便親往會見佛陀，以解開心中的疑團。

雨季將至，佛陀決定在祇園精舍安居。有了多年的竹林經驗，佛陀的大弟子很快便把一切安排妥當。在舍衛城，有六十位新比丘加入僧團，善達多又介紹了不少朋友成為在家弟子，他們都很熱心地支持精舍的活動。

一天下午，佛陀接見了一個滿臉愁容的青年，佛陀獲悉這青年的兒子剛於數天前死去，而他這幾天都留在墓前嚎啕大哭，高聲呼喊：「我的兒子啊，你到哪裡去了？」而且不眠不休、不吃不喝。

佛陀告訴他：「愛裡生苦。」

那男子反駁道：「你錯了，愛並不會帶來痛苦，愛只會帶來喜樂。」

佛陀還來不及解釋，這個傷心的男子已毅然轉身離去。他漫無目的地遊蕩著，遇見一群在街上賭博的人，便與他們搭訕。他告訴他們與佛陀見面的情形，而他們都同意他的說法，認為佛陀不對。

「愛怎麼可能會產生痛苦？它只會帶來喜樂！你說得對，那沙門喬答摩錯了！」

不久，這件事漸漸在舍衛城傳開了，更成了熱門的爭議話題，很多精神領袖都非議佛陀對愛的看法。當消息傳到波斯匿王的耳裡，他便在某天晚餐時對王后說：「那人們稱為

佛陀的僧人，其實未必如想像中偉大。」

王后追問：「你為何這麼說呢？有人說他的不是嗎？」

「今早，我聽到朝中的官員在議論喬答摩，他們說，他認為愛得愈深愈痛苦。」

王后說：「如果是喬答摩說的，那必定是真的。」

大王不耐，斥責她說：「你怎麼可以這麼說！凡事都應該經過自己的審察，不要像小孩般盡信老師的話。」

王后不敢多言，因為她知道大王還未親會佛陀。翌日早晨，她囑咐一位婆羅門的朋友摩利佳迦，去向佛陀詢問此事，並請他解釋。她請這位朋友把佛陀所說的話都小心地做筆記，然後向她報告。

摩利佳迦見到佛陀時，便提出王后的問題，佛陀回答：「我最近聽說在舍衛城有一個婦人的母親逝世，她因悲傷過度導致精神失常，到處向人問：『有誰見過我的母親？你見到我的母親了嗎？』。我又聽說有一對年輕戀人，因女方的父母強迫她嫁給別人，而雙雙自殺。這兩件事情已足以證明痛苦是因愛而生了。」

於是，摩利佳迦向摩利王后轉述佛陀所說的話。這天，當王后看到大王閒著的時候，便問他：「我的丈夫啊，你是否很疼愛跋吉梨公主？」

「當然啦！」大王答道，心裡覺得奇怪。

「假如她有不幸，你會痛苦傷心嗎？」

　　大王震驚，他忽然見到愛之中確實隱藏著痛苦的種子，他慣有的安全感忽然轉而成為憂慮。佛陀的話語包含著殘酷的眞理，令大王十分困惑，他說：「我一定要盡快前去拜訪這個沙門喬答摩。」

　　王后對此感到很高興，因爲她知道，大王見到佛陀後，一定會體會到佛陀的教化是與眾不同的。

13

愛就是瞭解

　　波斯匿王單獨前往拜會佛陀，完全沒有守衛陪同，只吩咐車伕把馬車停在精舍的門外，讓他自己進去。佛陀在他的屋子門前會見大王。互相作禮後，大王坦誠地對佛陀說：「喬答摩導師，人人都稱頌你為佛陀，一個證得圓滿覺悟的人。但我總覺得，以你這般年紀能有此成就，實在令人難以置信。即使是比你年長很多的耆老大師，如富樓那迦葉、末迦利瞿舍梨子、尼乾子和刪闍耶毘羅胝子，他們都不敢自認證得圓滿的覺行，就連阿耆多枳舍欽婆羅和迦羅拘陀迦栴延也不例外。你認識這些大師嗎？」

　　佛陀答道：「陛下，我聽過他們所有人的大名，更與其中數位相識。精神境界的證悟是不會受年齡影響的，歲月並

不是得道的保證。有幾樣東西不容低估——年幼的太子、小蛇、一點火花和年少的僧人。太子雖年幼，卻具備了一個國君的條件與宿命。一條小毒蛇，能在一瞬間致人於死地。所謂星星之火，可以燎原；一點火花便足以把整個城市化爲灰燼。而年少的僧人，更可成就無上正覺！陛下，一個有智慧的人，是永遠不會小覷小太子、小蛇、小火花和小沙彌的。」

波斯匿王望著佛陀，非常欣賞佛陀所說的話。佛陀說得那麼氣定神閒，內容卻精簡深奧。大王覺得佛陀是個可以信賴的人，接著便發問最讓他焦慮的問題了。

「喬答摩導師，一些人說你教導他們不要去愛。他們說，是你告訴他們愛得愈深，痛苦憂愁便也愈多。雖然我可以看出這裡面有一些道理，但我對這個說法，總覺得有些不安。沒有了愛，生命似乎再也沒什麼意義了，請替我解決這個問題吧！」

佛陀親切地望著大王。「陛下，你問得很好，很多人都會因你這個問題而受益的。愛有很多種，我們要先仔細認識每一種愛。生命裡非常需要有愛的存在，但並非是那種出自色欲、情欲、執迷、有分別心和偏見的愛。陛下，有另一種愛，是生命裡極爲需要的，這種愛包含著慈愛和悲憫心，或稱爲大慈和大悲。

「一般人所說的愛，只限於父母子女、夫婦、家屬、宗

親和國民的互愛。這種愛的性質，都是依著『我』和『我的』的觀念而產生的，因而仍然在執著與分別心之中糾纏，人人都只想愛他們的父母、配偶、子女、孫兒、親屬和國民。就是因為被困於執著之中，他們往往在沒有事故發生的時候，就已經開始憂慮意外會降臨在心愛的人身上。當意外真的發生了，他們便大受打擊，傷痛至極。至於有分別心的愛，則會產生偏見。人們對於他們圈子之外的人，可以變得毫不關心甚或歧視、排斥。執著與分別心，都是導致自己和他人受苦的根源。陛下，所有的人真正渴望的愛，是慈愛和悲心。大慈或慈愛，是替別人帶來歡樂的心量；大悲或悲心，則是替別人解除苦難的胸懷。大慈和大悲都是不求回報的，慈愛和悲心亦不限於對自己的父母、配偶、子女、家屬、宗親和國民。這種愛，是遍及所有人和所有眾生的。在大慈和大悲裡，沒有絲毫分別，沒有『我的』或『非我的』成份。正因為沒有分別，因此也就沒有執著。大慈和大悲只會帶來快樂、減輕痛苦，並不會帶來憂傷和苦惱。沒有這種愛，生命便真如你說的，沒有意義了。有了慈愛和悲心，生命必會充滿平和、喜悅和滿足。陛下，你是一國之君，假如你實行慈愛和悲心，你的人民必定會受惠。」

大王低頭深思，然後抬起頭來問佛陀：「我有家庭和國家要照顧，如果我不愛我的家庭和國家，那我怎能照顧他們呢？請替我闡明這一點。」

「你當然應該愛你的家庭和百姓，但你的愛是可以擴展到他們之外的。你愛你的太子和公主，但這並不表示你便不能關心你國家裡所有的年輕男女。如果你這麼做，目前有限的愛心，便可以變成全面包容的愛心，而全國的青年人也將成為你的兒女，這就是慈悲心的真義。這並不是空談的理想，而是實際做得到的，尤其是像你所居之位，就能更加輕而易舉地做到了。」

「那別國的青年又如何呢？」

「雖然他們不在你的國土之內，但也阻礙不了你對他們猶如自己的子女一般啊！你愛你的子民，不應構成你不能愛別國子民的理由啊！」

「但他們不在我的管轄之下，我又怎麼對他們表示愛護呢？」

佛陀望著大王，「一個國家的興盛與安全，不應該依靠他國的衰弱與動亂而來。陛下，持久的太平盛世，有賴所有國家秉持著以大眾利益為首要目標的原則，共同合作。如果你希望憍薩羅永享太平，又不希望你國內的年輕人戰死沙場，就一定要幫助其他國家維持安定。要享有真正的和平，外交和經濟政策則必須遵循慈悲的路線。在愛護你自己的子民之餘，也要同時愛護並關心其他國家，如摩揭陀、伽尸、毗提訶、釋迦國和拘利。

「陛下，我前一年回釋迦國探親，曾在喜瑪拉雅山下住

上幾天。在那裡，我曾深思一些以非暴力為原則的政治制度。我發覺，一個國家是可以不靠如監禁或死刑等武力政策來維持治安的，我曾與我的父親淨飯王商談過，現在也藉此機會與你分享這些理念。一個培育慈悲心的君主，是不需要仰仗武力政策的。」

大王驚歎：「妙！妙極了！你的話語至為感人！你無疑是真正的開悟者！我答應你，一定會對你所說的話詳加考慮，我會仔細體會這些教誨的智慧。但現在，請容許我問一個很簡單的問題。一般的愛，都含有分別、欲念和執著。依你所說，這些都會帶來憂愁苦惱。但一個人又怎麼可能無欲無執地去愛呢？我對子女的愛，應該怎樣才能避免憂慮和痛苦？」

佛陀答道：「我們得先檢視愛的性質。我們的愛，應該會為我們所愛的人帶來和平與幸福，如果我們的愛存有佔有的私心，便不可能帶給他們平和快樂，相反的，我們只會讓他們感覺被困住了，這種愛不外是一種牢獄。當我們所愛的人再也無法覺得快樂時，他們便會想辦法釋放自己，以重獲自由，他們不會接受牢獄的愛，這種愛亦會因而逐漸轉變為怨恨。

「陛下，你是否聽說了十天前在舍衛城的一椿因自私的愛而造成的悲劇呢？當兒子要結婚的時候，母親覺得被人拋棄。她不把兒子娶妻當成多得一個女兒，反而覺得失去了兒

子而且被出賣，她因此由愛生恨，在這對年輕夫婦的食物中下毒，把他們毒死。

「陛下！依覺悟之道，沒有瞭解便不可能有愛，愛就是瞭解，不瞭解便不能去愛。彼此不瞭解的夫婦，是不會相愛的，不瞭解的兄弟姊妹也不會互相愛護的。父母子女沒有彼此瞭解，也很難互愛。假如你想讓你所愛的人快樂，就一定要學著去瞭解他們的苦惱與期望。當你瞭解了他們，便能幫助他們疏解苦惱並達成願望，這才是真愛。如果你硬要他們跟隨你的意願，而忽略了他們的需要，這便決不是真愛，而只是佔有、支配別人的欲望，以及試圖滿足自己需要的錯誤途徑。

「陛下！憍薩羅的人民都有他們的苦惱和願望，如果你能瞭解這些，便是真的愛護他們。朝廷裡的百官也有他們的苦惱和願望，你瞭解他們的苦惱與願望，便可帶給他們歡樂。為此，他們會一生都對你忠心耿耿。王后、太子和公主也都有他們的苦惱和願望，你瞭解他們的苦惱和願望的話，就一定可以讓他們快樂。當每個人都享受著平和、幸福和喜悅的時候，你自己就會知道什麼是平和、幸福和喜悅。這就是覺醒之道上，愛的定義了。」

波斯匿王被深深地感動了。一直以來，從沒有一個精神導師或婆羅門教士能打開他的心扉，讓他對事理有如此深刻的瞭解。他想，這位導師的蒞臨，實在是國家的福氣，而且

他希望成為佛陀的弟子。過了一會兒，他抬頭對佛陀說：
「我很感激你給我多方面的忠誥，但仍有一件事困擾著我。
你說出於執著和欲望之愛會帶來痛苦煩惱，而出於慈悲之愛
可帶來平和幸福。我雖然看到慈悲之愛的無私和不自利，但
我認為它仍會帶來痛苦與煩惱。我愛我的人民，因此當他們
受到如風災水患等天然災害的摧殘時，我也切身感受到他們
的痛苦，我相信你也會有如此反應。當你看到別人生病或死
亡，一定也會感到痛苦。」

「又是一個很好的問題，你將會更深入瞭解慈悲的本
質。首先，你應該知道，執欲之愛所帶來的痛苦，要比慈悲
所帶來的痛苦多上千倍。有兩種痛苦必須分辨清楚——一種
是完全無用而且紛擾身心的；另一種則是滋養關懷和責任感
的。在面對別人受苦的情形時，慈悲之愛可以供給我們能
量，讓我們對他人的受苦有所反應。而執欲之愛，只會製造
更多的焦慮和痛苦。慈悲是強大的能源，能驅使我們做出最
有助益的行動與服務。大王！慈悲是最為必要的，慈悲心所
產生的苦，是有所助益的苦。如果我們不能體會他人的痛
苦，就枉生為人了。

「慈悲是瞭解的果實，修習覺察之道就是要體證生命的
實相，這實相就是無常。一切都沒有永恆、個別的自性，一
切總有一天會成為過去。當一個人看透事物的無常性質，他
的看法便會變得平穩安詳。無常的存在不會為他的身心帶來

困擾，因此，慈悲所帶來的痛苦感覺，並沒有其他痛苦所具有的沉重、苦澀的特質。相反地，慈悲只會增加一個人的力量。大王！你今天已聞得解脫之道的基本綱領，改天，我會再和你分享更多法要。」

波斯匿王的心裡充滿了謝意，起身向佛陀鞠躬頂禮，他知道自己很快便會要求佛陀納他爲在家弟子，他也知道摩利王后、祇陀太子和跋吉梨公主都已經對佛陀非常敬重，並希望一家人可以同時接受皈依。他還知道，自己的妹妹憍薩鞞毘，和妹夫頻婆娑羅王，都已皈依佛陀。

那天晚上，摩利王后和跋吉梨公主都留意到大王的轉變，他似乎比平時平和、喜悅。她們知道，這必定和會晤過佛陀有關，雖然她們很想問大王這次與佛陀會面的情形，但又認爲等大王自己告訴她們，會更爲適當。

14

每個人的眼淚都是鹹的

　　波斯匿王到祇園精舍訪問，引發了很多人對精舍的興趣，同時也提昇了佛陀僧團在人們心目中的地位。朝臣都留意到，大王從沒錯過一次每週舉行的法會，因此他們也開始跟他一起參加了，其中有些人是出自對佛陀教化的仰慕，但有一部分人就只是爲了討好大王才這麼做。來訪祇園精舍的知識分子和年輕人與日俱增，在安居的三個月內，就有一百五十名年輕人在舍利弗座下受戒爲比丘。一向受到大王護持的其他宗教領袖，都開始覺得受到威脅，因而視祇園精舍爲眼中釘。在雨季安居結束的典禮上，大王供養每位比丘新的衲衣，又施濟食物和日用品給窮苦的家庭，大王一家人，也同時在這次大典中正式受持三皈依。

　　安居之後，佛陀和眾比丘前往鄰近的地區向更多的人弘法。一天，正當他們在恆河附近的村落乞食時，佛陀留意到一個擔糞的男子，他是一個「賤民」（意思是「不可接觸者」），名叫蘇利陀。蘇利陀早已聽聞過佛陀和比丘，但這會兒還是第一次見到他們。他神色慌張，自知身上的衣服污穢不堪，而且臭氣薰天，便趕快從路上跑開，走到旁邊的河裡。但佛陀早已決定要和蘇利陀分享大道，因此蘇利陀避開之時，佛陀也跟著他走。舍利弗明白佛陀的心意，便和佛陀當時的隨從彌伽耶尾隨在後。列隊而行的比丘，全都停了下來，靜靜地在那裡觀看。

　　蘇利陀真被嚇壞了，急急忙忙把糞桶放下，到處找地方躲避。岸上站著其他眾多比丘，而佛陀和兩位比丘就直直地站在他眼前。他不知所措，只好合上雙掌，站在那裡，兩腳的河水已經及膝。

　　好奇的村民全都從屋裡跑出來，到岸邊查看發生了什麼事。蘇利陀是因為怕自己污染了比丘而迴避的，但他沒有想到佛陀會這樣跟上來。他深知僧團中有許多貴族階級的子弟，他知道污染比丘的罪不可恕，只希望佛陀和比丘快快回到路上。可是，佛陀就是不走。他一直往前走到了水邊，向蘇利陀說：「我的朋友，請你走近些好讓我們談談。」

　　雙掌仍然緊合著，蘇利陀抗拒道：「大人，我不敢！」

　　「為何不敢？」佛陀問道。

蘇利陀抗拒道：「世尊，我不敢靠近您，我是個賤民。」

「我是個賤民，我不想染污你和你的比丘。」

佛陀答道：「我們的修行之道，是沒有階級界限的。你是人，就和我們一樣，我們絕不怕被污染，只有貪、瞋、癡才會污染我們，一個像你這樣和悅的人，只會爲我們帶來歡喜。你叫什麼名字？」

「大人，我叫蘇利陀。」

「蘇利陀，你想像我們一樣成爲比丘嗎？」

「我可以嗎？」

「爲何不可以？」

「我是個賤民啊！」

「蘇利陀，我已經解釋過，我們所行之道是沒有階級的。在覺醒之道上，階級不再存在，就像恆河、耶牟那河、阿夷羅跋提河、薩羅河、牟那河和盧奚多等河流，一旦流入大海，便再也沒有個別的身分了。一個出家修行大道的人，無論他是婆羅門、刹帝利、吠舍、首陀羅或賤民，都已經把他的階級放下了。如果你喜歡的話，你可以像我們一樣成爲比丘。」

蘇利陀眞的很難相信自己所聽到的是眞的，他把合著的雙掌放到額上，說道：「從沒有人這樣慈祥地對我說話，這是我一生中最快樂的一天。假如您肯收我爲徒，我發願全心全意實行你的教導。」

佛陀將乞缽交給彌伽耶，然後把手伸向蘇利陀，說道：

「舍利弗！來幫我替蘇利陀沐浴，我們就在河邊這裡為他授戒為比丘。」

舍利弗尊者微笑，然後把自己的缽放在地上，上前協助佛陀。佛陀和舍利弗為他擦洗身體時，蘇利陀感到有點尷尬和不習慣，但他並沒有異議。佛陀囑咐彌伽耶向阿難陀拿一件多出來的衲衣。蘇利陀受戒後，佛陀安排他依止舍利弗，於是，舍利弗便帶他回去祇園精舍，佛陀和其他的比丘則繼續平和地乞食去了。

當地的居民都親眼目睹了這一切，消息很快便傳開，說佛陀接納了賤民加入僧團。這在城內的高層階級引起了一陣轟動，因為有史以來，在憍薩羅從沒有一個賤民被精神團體接納過。很多輿論都責備佛陀違反傳統，一些比較嚴重的，甚至暗示佛陀在進行推翻體制、策動暴亂的陰謀。

這些傳言從各方的在家眾甚或道聽途說的比丘流入了精舍。一班大弟子，諸如舍利弗、目犍連、摩訶迦葉和阿耨樓陀等，便與佛陀會商，討論如何應付外界的各種反應。

佛陀說：「接納賤民進入僧團是遲早的事情。我們所走的是平等之道，我們不承認階級的存在。現在雖然在蘇利陀成為比丘這件事上遇到了問題，但我們這歷史性的創舉，實會為後世所銘感的，我們必須勇於面對這些困難。」

目犍連說道：「我們不是缺乏勇氣和能耐，但我們要如何減輕眾人的敵對態度，好讓比丘們能夠無礙地修行呢？」

舍利弗說：「現在最重要的，就是要讓人們對修行繼續保持信心。我會盡力幫助蘇利陀在修行上的進展。他的成功，就是對我們最有利的證明，同時，我們也要設法向人們解釋我們對平等的信念。師父，您認爲怎樣？」

佛陀把手放到舍利弗的肩膀上，「你所說的，正是我的心意。」

蘇利陀受戒所掀起的風波，很快也傳到了大王的耳裡。一群宗教領導人要求與大王會談，以表明他們對此事的不滿。他們振振有詞，讓大王十分困擾，雖然他是佛陀的忠心弟子，但也得答應要調查此事。幾天後，他便前往造訪祇園精舍。

下車後，他獨自走入寺院內，蔭涼下的路徑，不時有比丘從他身旁走過。大王沿著往佛陀住處的路上走著，每遇到一位比丘，他都鞠躬作禮。一如以往，比丘們閒靜平和的態度，鞏固了大王對佛陀的信心。走了一半的路程，他看到一位比丘坐在大石頭上，在松樹下爲一小群比丘和在家眾說法，這情景十分吸引人。說法的比丘年紀不到四十歲，但臉上已明顯地散發出安詳與智慧，聽眾無疑是被他所說的話深深吸引著。大王停下來聆聽之後，也深受感動，但他突然想起自己的來意，這才繼續前行。他希望遲些回來，再聽這位比丘說法。

佛陀在屋子外親迎大王，請他在竹椅上坐下。互相問好

之後，大王便問佛陀那在石上說法的比丘是誰，佛陀微笑著答：「那是蘇利陀比丘，他曾經是擔糞的『賤民』，你認為他的說法如何？」

大王感到困窘，那個風度翩翩、容光煥發的比丘，竟就是那個擔糞的蘇利陀！他從沒想過會發生這種事。他還不知道要如何反應時，佛陀又說：「自從第一天受戒，蘇利陀比丘便全心全意虔誠地修行。他是一個極為誠懇、聰敏、而且有決心的人，雖然受戒僅僅三個月，但已贏得德高意淨的美譽。你想結識這位難得的比丘，並給他供養嗎？」

大王坦白地說：「我真的很想和蘇利陀比丘見面，並給他供養。大師，您的道理精深奧妙，我從沒有遇到過像您這樣心胸豁達的精神導師。我真的認為，任何人、動物或植物，都會因您對他們的深刻瞭解而受惠。其實，我今天來，本來是要向您查問為何接納一個賤民加入僧團的，但我現在已親見親聞，真正明白了，我不敢再問，倒不如讓我在您面前俯身禮拜吧！」

正當大王站起來要俯身禮拜時，佛陀也同時起立，執著大王的手，請大王再坐下來。他們都再度坐下後，佛陀看著大王說：「陛下，在解脫之道上，是沒有階級的。在覺悟者的眼中，人人都是平等的。每個人的血都是紅色，每個人的眼淚都是鹹的。我們都一樣是人，我們應該找個方法給所有的人，讓他們體現自己的尊嚴和潛質，那就是我歡迎蘇利陀

比丘加入僧團的原因。」

　　大王合掌說：「我現在明白了，我也意識到您的道業將會障礙重重，但我也知道，您有足夠的力量和勇氣去排除萬難。至於我，一定會盡我所能來護持正法的。」

　　大王向佛陀請辭，再回到那棵松樹，希望聽蘇利陀比丘說法。只可惜，他和聽眾都不見了，只剩幾個比丘在小徑上專注地慢步而行。

15

元素會重新組合

一天，彌伽耶告訴佛陀說，他知道難陀在僧團裡很不快樂。難陀曾私底下向彌伽耶透露他有多麼惦念在迦毘羅衛城的未婚妻。難陀說：「我還記得那天拿著佛陀的鉢回去尼拘律園的情景。我要離開時，闍羅芭達卡拉諾莉深情款款地望著我說：『趕快回來，我會等你。』披在她肩上那烏黑秀髮的閃閃光澤，我仍記得很清楚，她的影像時常在我禪坐時出現。每次她在我腦海中浮現，我便渴望見到她，我當僧人實在不快樂。」

第二天下午，佛陀與難陀相約一起散步。他們離開祇園精舍，往遠處湖邊的一個小村莊走去。他們坐在靠近湖的一塊巨岩上，居高臨下望著清澈的湖水，一群鴨子緩緩地游

過，鳥兒在低垂的樹枝上歌唱。

佛陀說：「一些師兄弟告訴我，你覺得當比丘的生活不快樂，眞的是這樣嗎？」

難陀默然不語。過了一會，佛陀又問：「你是否覺得自己已經準備好，可以回去釋迦國繼承王位了？」

難陀急忙回答：「不，不是的。我曾告訴所有人我不喜歡政治，我知道我沒有管治國家的能力，我不想繼位爲王。」

「那你爲何不喜歡當比丘呢？」

難陀又再默然不答。

「你是否掛念著卡拉諾莉？」

難陀的臉上泛紅，但仍不作聲。

佛陀說道：「難陀，憍薩羅這裡也有很多如卡拉諾莉一般豔麗的少女，記得在波斯匿大王宮中的宴會嗎？你見到如卡拉諾莉般美麗的女子了嗎？」

難陀承認說：「可能這裡有很多如她一般美麗的女子，但我關心的就只有卡拉諾莉一個，在此生中，就只有卡拉諾莉一個。」

「難陀，執著將成爲修行的一大障礙，一個女人的美麗可以消失得像玫瑰凋謝般快速，你也知道一切無常，而應該洞察萬事萬物的無常性質。看！」佛陀指著一個在竹橋上倚著柺杖，蹣跚而過的老婦，她的臉上布滿了皺紋。

「那老婦必定也曾是個美人，卡拉諾莉的美貌也將隨著歲月消逝。而在同一段時間，你在覺悟之道上的修行，卻可為你帶來生生世世的平和愉悅。難陀，你看看那邊在樹上嬉戲的兩隻猴子，你可能覺得那雌猴尖面紅股，一點也不吸引人，但對那雄猴來說，牠就是世間最美的猴子。牠在雄猴的心目中獨一無二，而且願為牠出生入死來保護牠。你可以看到⋯⋯」

難陀打斷了佛陀的話。「請不要再繼續說下去了，我明白你想說什麼。我會更加努力，讓自己全力投入修行的。」

佛陀對著他的弟弟微微一笑，「你要特別留意觀察呼吸，靜思你的色（物質）、受（感受）、想（認知）、行（意志）、識（意識）等「五蘊」。從你的身（身體）、受（感受）、心、法（心所產生的對象）上，透徹地洞察出生、成長和壞滅等現象的過程。有什麼不明白的，可以來問我或舍利弗。難陀，你要謹記，解脫所帶來的快樂，才是真正無條件的快樂，它是不可磨滅的，你應該以這種快樂為目標而邁進。」

天色漸暗，佛陀和難陀站起來，走回精舍。

祇園精舍現在的寺院生活已鞏固安定了，比丘的人數已達五百人之多。隔年，佛陀回到毘舍離雨季安居。離車族的公子們已經把大樹林改建成寺院，蓋了一座兩層樓高的講堂，取名為「大林精舍」。在娑羅樹林中，遍布著小型的房

舍，公子們更與阿摩巴離慷慨地贊助這季安居的一切所需。

從摩揭陀至迦毘羅衛，都有比丘專程前來與佛陀一起安居，人數共達六百人。在家弟子也從各方前來參與，期待接受佛陀的教化。他們帶來了很多食物供僧，也聆聽所有的法會。

雨季剛結束不久的一個初秋早晨，佛陀接獲消息，知道淨飯王在迦毘羅衛病重垂危。大王特別派遣侄兒摩男拘利王子前來，請佛陀回家見他最後一面，在摩男拘利的請求下，佛陀同意乘馬車代步以節省時間，阿㝹樓陀、難陀、阿難陀和羅睺羅與他同行。他們離開時非常匆忙，離車族公子和阿摩巴離都來不及與他們道別。馬車離開後，二百名比丘，包括了許多前釋迦族的王孫公子，便開始步行前往迦毘羅衛，他們都希望能參加佛陀父親的葬禮。

王族的成員在王宮外門等候著佛陀，佛陀抵達後，摩訶波闍波提立即帶他進入大王的寢宮。大王一見到佛陀，青白憔悴的面容頓時亮了起來。佛陀坐在床邊，將大王的手緊握在自己的手裡。八十二歲的大王，看起來枯瘦極了。

佛陀說道：「父親，請你慢慢溫和地呼吸。微笑啊！這一刻，沒有什麼比你的呼吸更重要了。難陀、阿難陀、羅睺羅、阿㝹樓陀和我，都會和你一起慢慢呼吸。」

大王一一看著他們，輕輕地微笑，開始慢慢呼吸。沒有一個人敢哭。過了一會兒，大王望著佛陀，問道：「我已清

楚看到生命的無常，也知道如果要獲得真正的快樂，就不能讓自己迷失在欲樂之中，幸福是從簡樸自由的生活中得來的。」

喬答彌王后告訴佛陀：「過去這幾個月，大王生活得非常簡單，他真的確實遵照您的教導來做，您的教化已經改變了我們這裡每個人的生活。」

佛陀仍執著大王的手，說道：「父親，看清楚我、難陀和羅睺羅。看看窗外樹枝上的綠葉，生命仍然持續著。因為生命持續著，所以你也一樣，你會持續活在我、難陀和羅睺羅，以至所有眾生之中。由四種元素組合而成的短暫肉身，解散後將會不停地重新組合。父親啊！不要因為肉體會死去，就以為自己會被生與死所束縛，羅睺羅的身體，也就是你的身體。」

佛陀示意羅睺羅過來握住大王的另一隻手，垂死的大王，此刻臉上泛起可愛的微笑，他因為明白佛陀所說的話而對死亡再也沒有畏懼了。

大王的參謀和朝臣，當時全都在場。他示意他們上前，然後用微弱的聲音說：「我在位時，一定曾讓各位有很多不滿。這些冒犯之處，我希望在臨死之前得到你們的原諒。」

朝臣百官都忍不住流起淚來，摩男拘利王子跪在床邊說：「王上，您是一個最賢德公正的國王，我們這裡沒有人覺得您有任何不對之處。」

　　摩男拘利繼續說：「請容我提議難陀太子回來迦毘羅衛登位為王，全國的人民，都會很高興見到您兒子繼位的，我保證自己會竭盡所能扶助太子。」

　　難陀望著佛陀，希望他替自己解圍，喬答彌王后也看著佛陀，佛陀輕聲說道：「父王、各位大臣，請容我跟大家分享我對此事的一點意見。難陀尚未具備足夠的能力擔任一國之君，仍需要在修行上再磨練好幾年才可勝任。羅睺羅只有十五歲，要當國王也太年輕了。我相信最有資格成為國王的，應是摩男拘利王子。他是個才智兼備、慈悲明理的人，更何況他已擔任大王的參謀六年多了。我謹代表王族和國民，懇請摩男拘利王子負起此重任。」

　　摩男拘利合上雙掌，提出反對：「我恐怕自己才疏學淺，不能勝任為王。請陛下、佛陀世尊和眾大臣另選賢能之士吧！」

　　眾大臣都齊聲贊同佛陀的提議，大王也首肯，並叫摩男拘利到他的身邊來。他執著摩男拘利的手，說道：「每個人都如此信任你，佛陀更對你充滿信心。你是我的侄兒，我很榮幸可以把王位傳給你，你一定會替我們延續百世的。」

　　摩男拘利低頭鞠躬，遵從了大王的意願。

　　大王喜極了。「我現在可以安詳地闔上眼睛了，我很開心能在我離開這世界之前見到佛陀。我心裡再也沒有掛慮，也沒有悔疚和苦澀，只希望佛陀能在摩男拘利初登王位之

際，留在迦毘羅衛一段時間來協助他。佛陀，你的德能將為我國帶來百世的安定與和平。」大王的聲音愈來愈微弱。

佛陀說：「我一定會留下來幫助摩男拘利，直到沒有需要為止。」

大王虛弱地淺笑著，目光平和安詳。他闔上眼睛，了別了此生。喬答彌王后和耶輸陀羅哭了，大臣們也低聲啜泣。佛陀把大王的雙手疊放在胸前，然後示意眾人不要哭泣，教他們觀察著自己的呼吸。過了一會兒，他建議大家到外殿商討葬禮的事宜。

葬禮七天後舉行，超過一千位婆羅門參加儀典，但淨飯王葬禮的獨特之處，就是在場代表著佛陀之道的五百位身穿橘黃衲衣的比丘。除了傳統的婆羅門經誦外，也讀誦大道的經文。比丘們誦念四聖諦、《無常經》、《火經》、《緣起經》、和三皈依文。他們用摩揭陀文讀誦，因為這是恆河以東的民間方言。

佛陀緩步繞著火葬的柴薪走了三圈，燃點柴木之前，他說：「生、老、病、死在每個人的生命裡都必然會發生，我們每天都必須在生、老、病、死上思惟反省，避免自己迷失在欲海裡，讓自己能創造充滿平和、喜悅和滿足的生命。一個證道的人會用平等心對待生、老、病、死。所有法的真義就是無生無滅、無成無壞、無增無減。」

柴木一經點燃，便被火焰吞噬了，鑼鼓聲響穿插於唱誦

之中。迦毘羅衛的大部分民眾都前來參觀葬禮，親睹佛陀主持火葬儀式。

摩男拘利登位後，佛陀繼續在迦毘羅衛逗留了三個月。一天，摩訶波闍波提喬答彌到尼拘律園探訪佛陀，她帶了幾件衲衣來作供，並要求佛陀為她授戒為尼。她說：「如果您肯讓女人受戒，將會有很多人受益。在我們族裡，很多王孫公子都已出家為僧，他們很多人都是有家室的。現在，他們的妻子也希望修習佛法，出家為尼，我自己也有此志願。如果可以這麼做，我不知道會有多高興。這是大王死後，我唯一的願望。」

佛陀沉默了一段很長的時間才說：「這是不可能的。」

摩訶波闍波提哀求道：「我明白這是一件難以決定的事，我知道如果您接納女性為尼，將要面對社會上的批評和譴責，但我不相信您會懼怕這些後果。」

佛陀再次默然不語。過了一會兒，他說：「在王舍城有一些女子也希望受戒為尼，但我認為現在還不是適當的時機，接納女性加入僧團的條件尚未成熟。」

喬答彌再三請求，但佛陀的答覆始終沒有改變，她便非常失望地離開了，回到王宮後，她把佛陀的反應告訴了耶輸陀羅。

數日後，佛陀返回毘舍離。他離開之後，喬答彌召集了所有希望出家為尼的女人，包括一些從未結過婚的女子，她

們全都是來自釋迦族的。她對她們說：「我十分肯定在覺醒之道上，所有人都是平等的，每個人都可以獲得證悟和解脫，佛陀自己也這樣說過。他曾接納賤民加入僧團，沒有理由不接納女性加入。我們也是堂堂正正的人，我們也可以證悟和解脫，女人沒有理由被視爲低等的。

「我建議我們全部剃去頭髮，脫去所有的華服首飾，穿上比丘的黃袍，然後赤著腳走到毘舍離再請求披剃。這樣，我們便可以向佛陀證明，我們和其他人一樣可以過簡樸的生活，也可以修行。我們會走數百里路，沿途一邊乞食，這是我們唯一被接納的機會了。」

她們全都同意喬答彌的說法，並認定她是她們的領袖。耶輸陀羅微笑著，她一直以來都很欣賞喬答彌的堅強和意志力。喬答彌並非一個會被困難所障礙的人，她從昔日與耶輸陀羅一起爲貧苦大眾服務時，已充分證明了這一點。這群女人眾定了一個日子，準備採取行動。

喬答彌對耶輸陀羅說：「瞿夷，你最好暫時不要與我們同行，我相信這樣會進行得比較順利。我們成功後，你便可以隨時跟上來。」

耶輸陀羅對她報以瞭解的微笑。

16

開啓大門

一天清早，阿難陀前往湖邊取水時，遇見了站在離佛陀屋子不遠處的喬答彌和她所帶領的五十名女子。每個女子都剃光了頭，身穿黃袍。她們的腳是浮腫的，而且染著血漬，驟看上去，阿難陀還以爲她們是一隊從別處來訪的僧侶呢，看清楚之後，他才認出了是喬答彌夫人。阿難陀簡直不敢相信，衝口而出：「哎喲，喬答彌夫人！你從哪裡來的？爲什麼腳上有血？爲什麼你和女士們這個樣子來到這裡呢？」

喬答彌答道：「阿難陀尊者，我們剃光了頭，又把全部的華衣寶飾捨掉了。我們現在已經一無所有。我們離開迦毘羅衛後，走了十五天，沿途睡在路旁，在村落中乞食。我求求你，阿難陀，請你代我們懇請佛陀，讓我們受戒爲尼。」

阿難陀說道：「你們在這兒等著，我立刻向佛陀傳達消息。我答應你，一定盡力而為。」

阿難陀進入佛陀房子時，佛陀正在穿衣，佛陀當時的隨從羅祇多也在。阿難陀把一切報告佛陀，但佛陀沒說什麼。」

於是，阿難陀追問：「世尊，一個女人可否成就『入流』、『一返』、『不還』和『阿羅漢』等果位呢？」

佛陀回答：「絕無疑問。」

「那您為何不接納她們加入僧團呢？喬答彌夫人自您孩提時便撫育您、關懷您，愛您如親生兒子。她現在已拋棄一切財物地位，而且已經剃去了頭髮，千里迢迢從迦毘羅衛步行而來，都是為了證明女子也和男子一樣，可以經得起萬難。求您大發慈悲，准許她們受戒為尼吧！」

佛陀沉默了好一陣子，接著，他吩咐羅祇多去召請舍利弗、目犍連、阿耨樓陀、拔提、金毘羅和摩訶迦葉等尊者前來。他們全部集合之後，便一起詳細商討這個情形。佛陀解釋，他並不是因為歧視女性而不許她們受戒為尼，他只是無法確定，在讓她們加入僧團的同時，是否可以避免產生僧團內部、僧團與外界的負面衝突。

經過審慎的磋商之後，舍利弗說：「制定一些規則以表明僧、尼兩種僧團之不同，才是明智之舉。此等規則應該可以減少外界對僧尼的反對。由於女人幾千年來都被歧視，外

界的反對是必然的。請你們參考一下以下的「八敬法」：

「第一，一個女尼，或比丘尼，無論在何時何處，都要尊尚比丘，無論她的年齡或戒齡比他多或少。

「第二，雨季安居時，所有的比丘尼都要居於比丘們安居之所附近，以便獲得他們的支持和指導。

「第三，每月有兩次，比丘尼要派遣代表，往請比丘替她們訂下齋日，以作為特別守戒日。這天，比丘會前去教導她們並鼓勵她們精進修行。

「第四，雨季過後，比丘尼必須參加自恣儀典，在比丘和比丘尼之前做修行報告。

「第五，當一個比丘尼破了戒，她必須在比丘和比丘尼面前懺悔。

「第六，經過沙彌尼、正學女階段後，一個比丘尼要在僧尼兩眾前受具足戒。

「第七，一個比丘尼絕不可批評或禁令比丘。

「第八，一個比丘尼不可為比丘們說法。」

目犍連大笑起來。「這八敬法很明顯是歧視了，你還不承認嗎？」

舍利弗回答道：「這八敬法的目的，旨在開啟女性加入僧團的大門。它們不是旨在歧視女性，反而是為了終止對她們的歧視，你能體會嗎？」

目犍連隨即點頭，以示認同舍利弗的高明見地。

巴帝耶說：「這八敬法是必須的。喬答彌夫人擁有如此大的權力，又是世尊的母親，沒有這些規條，除了佛陀之外，便沒有其他人可以指導她修行了。」

佛陀轉過頭來對阿難陀說：「阿難陀，請告訴摩訶波闍波提夫人，如果她們願意遵守這八敬法，她和同行的女伴便可以受戒為尼。」

已經日正當中了，阿難陀發覺喬答彌夫人和她的女伴們都仍耐心等候著。聽完這八敬法，喬答彌歡喜若狂，她答道：「阿難陀尊者，請告訴佛陀，我的心情就像一個少女在香水中洗過秀髮後獲贈一串蓮花或玫瑰花環時那般興奮，我也很高興接受這八敬法，只要我能受戒為尼，便願意一生遵守這些規條。」

阿難陀回到佛陀的房子，稟告佛陀喬答彌夫人的答覆。

其他女子望著喬答彌，流露出關切的眼神，但喬答彌安撫她們說：「姊妹們，別擔心。目前最重要的，就是得到受戒為尼的權利。這八敬法是不會妨礙我們修行的，它們反而是我們能夠加入僧團的門徑。」當天，這五十一名女子全都受戒為尼。舍利弗尊者負責安排她們暫居阿摩巴離的芒果園，佛陀又請舍利弗指導她們基本的修行方法。

八日後，摩訶波闍波提比丘尼前往拜訪佛陀。她說：「世尊，請示現您的慈悲，教導我如何能在解脫之道上有迅速的進展。」

佛陀答道：「摩訶波闍波提比丘尼，最重要的，就是要把持住自己的心，多練習觀察呼吸和觀照身體、感受、心和心所產生的對象。如此修習，你便每天都會多增長一些謙虛、自在、無著、平和以及喜悅。這些特質生起時，便可確定自己走上了正確的道路，覺醒之道和覺悟。」

摩訶波闍波提比丘尼希望在毘舍離建一所寺院供女尼居住，以便親近佛陀和眾大弟子，又希望以後能在家鄉迦毘羅衛創建一所女尼修道院。她派遣了使者給耶輸陀羅報喜訊，告訴她女尼受戒的消息。喬答彌比丘尼知道，女子加入僧團的消息，一定會引起轟動的，很多人都會激烈反對並斥責佛陀和僧伽，她知道佛陀將必須面對很多難題。她感恩，而且明白八敬法只是暫時用來保障僧團，以免遭受這次衝擊的傷害。她有信心，日後女子可受戒爲尼已成定局時，便再也不需要八敬法了。

佛陀的僧團現在有四支流——比丘、比丘尼、優婆塞（男在家眾）、優婆夷（女在家眾）。

摩訶波闍波提比丘尼對比丘尼應穿著的衣服細心參詳，她的提議也全被佛陀接納。比丘是穿三衣的——內衣、入眾衣和大衣。除了以上三衣之外，比丘尼再多加一塊披搭在胸前的布，叫覆肩衣，和一條下裙。除了這些衣服和乞鉢外，僧尼都可以有自己的扇、濾水器、縫補衣服的針線、清潔牙齒的竹籤、和每月兩次剃頭用的剃刀。

17

一把申恕波樹葉

王舍城的竹林精舍、毘舍離的大林精舍,和舍衛城的祇園精舍、都成了很活躍的修行和學道中心。摩揭陀、憍薩羅和鄰近的地區,都陸續設立了修道中心,穿著橘黃衲衣的比丘到處可見。在佛陀證道後的六年內,覺醒之道已傳遍遠近。

佛陀在摩窟羅山上度過第六次安居,而第七次則在恆河上游的僧祇商山上。第八個雨季,他在跋伽的善來山,第九次就在憍賞彌附近。憍賞彌是閻母那河沿岸富薩國的一個大城市,這裡的森林,有一座很重要的寺院──瞿師羅園精舍。這名字是依捐贈森林的那位在家弟子而起的。諸大弟子,如摩訶迦葉、目犍連、舍利弗和摩訶迦遮羅等,都沒有

在第九次安居時與佛陀一起住在瞿師羅園精舍，只有阿難陀和佛陀一起，羅睺羅則留在舍利弗左右。

瞿師羅園精舍到處都是申恕波樹，佛陀最喜歡在炎熱的下午在這些樹下禪坐。一天，禪坐完畢，他手裡拿著一把申恕波樹葉，回到僧團中。他把樹葉舉高，對著比丘問道：「比丘們，哪個數目比較多——我手裡的樹葉還是森林裡的樹葉？」

比丘答道：「森林裡的樹葉。」

佛陀說：「正是。我所證悟到的比我所教導的多出太多了。為什麼呢？因為我只教導那些真正有助於修行證道的義理。」

佛陀會說這些話，是因為有太多的比丘迷失在哲理的推論和揣測之中。佛陀特別提醒摩露伽子比丘，不要在玄祕的問題上糾纏，因為修行並不需要這些。摩露伽子比丘一向喜歡問佛陀宇宙是有限還是無限的、有盡頭還是永恆的，但佛陀一直都拒絕回答這些問題。一天，摩露伽子覺得再也無法忍受佛陀的沉默了，便決定問佛陀最後一次，如果佛陀再拒答的話，他便捨戒還俗。

他找到了佛陀，對他說道：「師父，如果您肯回答我的問題，我便繼續追隨您；如果您拒絕回答，我便決定離開僧團。告訴我您到底知不知道宇宙是有限的還是無限的，如果您不知道答案，可以直接告訴我。」

　　佛陀望著摩露伽子，說道：「你當初受戒時，我有說過會解答這類問題嗎？我有沒有說過：『摩露伽子，如果你肯當比丘，我便會解答你所有形而上學的問題？』」

　　「沒有，世尊，您沒有這樣說過。」

　　「那你現在為何要我這樣做呢？摩露伽子，你就像是一個被毒箭射中的人。當家人替他延醫診治，希望醫生把毒箭取出來，並給他解藥時，他卻叫醫生先回答一些問題。他要知道誰發射毒箭，兇手的階級、職業和射他的原因，還要知道兇手用的弓是哪一種，用的毒是什麼材料配製的。摩露伽子，這個人一定到死去都還無法得到他想知道的答案。修行大道的人也是一樣，我只會教導一些對修行證道有幫助的東西，其他沒有用或不需要的，我都不會教導的。

　　「摩露伽子，無論宇宙是有限或無限，有盡或永恆，你都要接受一個真理，那就是生命裡所存在的苦，而要消除痛苦，又必須先明瞭苦的成因。我所教導的，都是能幫助你達到無著、平等、平和與解脫的。我堅拒講說其他一切對證道沒有幫助的東西。」

　　摩露伽子感到很慚愧，請佛陀原諒他愚昧的要求。佛陀鼓勵所有比丘專注修行，以免浪費時間在不必要的、沒用的哲學辯論上。

　　捐出森林建寺的瞿師羅，又在庫巴達和波婆梨甘巴瓦羅自資興建兩所寺院，接著又在附近建造了第四間精舍，名為

巴達梨伽。

　　和其他精舍一樣，在瞿師羅園精舍，一些比丘都被委任背誦佛陀的言教。他們被稱為「經師」，因為凡是佛陀所說的，都稱為「經」。其中佛陀在鹿野苑為最初的五位弟子所說的開示，就是《初轉法輪經》。另有幾部經，如《無自性經》、《緣起經》、《八正道經》等，都是全體比丘每月誦念兩次的經課。

　　除了經師，也有「戒師」。他們精通比丘和初學僧的戒律，羅睺羅和其他未滿二十歲的學僧，都持守一種名為「沙彌戒」的戒律。

　　那年在瞿師羅園精舍，有一位經師和一位戒師發生了衝突，這次的爭執是由一件小事所引起的，但後來卻演變成僧團裡的嚴重分歧。事情的原由是，那位經師沒有清洗盥盆，而被戒師認為是觸犯了輕戒。經師是個強勢傲慢的人，認為自己不是故意污染盥盆，故而不應受責。他們各自的學生又紛紛支持自己的老師，以至爭執加劇。這邊譴責那邊毀謗，而那方又怪這方愚笨。終於，戒師當眾宣布經師破戒，而且要他正式在僧眾面前懺悔，否則不許他參加每兩週一次的誦戒儀典。

　　情況日益惡化，雙方互相中傷的言詞如毒箭一般。除了少數不偏祖任何一邊的比丘外，其他的比丘大都選邊站。中立者都慨歎：「這次事態嚴重了！恐怕會造成僧團的分

裂。」

雖然佛陀住的地方離寺院不遠，但他卻對此事全不知情，直到一隊來訪的比丘告訴他，並請他出面調停。佛陀直接與那戒師會談，對他說道：「我們不可以太執著於自己的見解，應該也去瞭解他人的觀點。我們應盡可能避免僧團的分裂。」接著，佛陀又到經師那裡，對他說同樣的話，希望他們兩人可以和解。

但佛陀的介入，並沒有得到他預期的效果，因爲他們彼此已說了太多對方的壞話，造成的傷害已非常嚴重了。中立的比丘，也沒有能力勸他們和好如初。這次的紛爭，很快便傳到了在家眾的耳朵裡，其他宗教團體也開始獲知佛陀的僧團出了問題。這對僧伽的聲譽是一大損害。佛陀的隨從羅祇多再也按捺不住，又去和佛陀商談，請求他再一次出面調停。

於是，佛陀穿上他的外衣，來到精舍的大禮堂，羅祇多敲起召集僧眾的鐘鼓。比丘齊集後，佛陀這樣說：「請你們別再爭辯，因爲這只會讓僧團分裂。請回去繼續修行吧！我們是真修行的話，就不應該成爲傲慢和瞋恚的受害者。」

一個比丘站起來說：「師父，請您不要插手此事，回去靜修吧！這事與您無關。我們已是成人，一切都懂得自己解決。」

接下來，禮堂鴉雀無聲，一片沉默，佛陀便站起來，離

開了禮堂。他回到自己的房子，拿起乞缽，走往憍賞彌乞
食。之後，他獨自走入森林裡用食，吃完後，又起來離開憍
賞彌。他朝著河那邊走，沒有通知任何人他離開，就連他的
隨從羅祇多和阿難陀也不知道他離開了。

　　佛陀一直步行，來到了芭娜迦留羅伽羅村，在這裡遇到
他的弟子，薄功尊者。薄功請佛陀到他獨居的森林裡，為他
奉上毛巾鹽盆清洗手腳。當佛陀問及他修行的情形時，他告
訴佛陀，雖然他只有一個人獨修，卻能體驗到喜悅和自在。
佛陀說：「有時候，一個人獨居要比與人一起更愉快。」

　　與薄功道別後，佛陀起身前往離這裡不遠的東竹林，正
準備進入森林時，卻被林地的守衛停住：「僧人，別進去
啊！你會打擾林中正在修行的幾位僧人的。」

　　佛陀還未來得及反應，阿耨樓陀尊者突然出現，興奮地
跟佛陀招呼，並對守衛說：「這位是我的師父，請讓他進
去。」

　　阿耨樓陀便帶著佛陀進入森林。他與竺難提伽和金毘羅
兩位比丘一起住在這裡，每個人都很高興能見到佛陀，竺難
提伽替佛陀拿缽，金毘羅又替佛陀接過外衣。他們清理了金
竹叢旁的位置讓佛陀坐下，又奉上毛巾鹽盆。三位比丘向佛
陀鞠躬頂禮，佛陀請他們坐下，問道：「你們在這裡感到滿
意嗎？你們的修行，進展如何？在這裡乞食和教化，有遇到
困難嗎？」

　　阿耨樓陀回答道：「世尊，我們對彼此關懷備至，生活上的和諧猶如乳蜜交融。我認為可以與竺難提伽和金毘羅一起是我的福氣，我很珍惜他們的友誼。在做每一件事之前，無論他們在或不在，我都會先停下來，問問自己他們的反應會如何。我的言行會讓師兄們不高興嗎？只要有懷疑，我便立刻阻止自己。世尊，我們雖是三人，卻猶如一體。」

　　佛陀點頭，表示讚許，並望向另兩位比丘。金毘羅說：「阿耨樓陀說的都是真話，我們和平相處，而且互相關懷。」

　　竺難提伽也加入：「從食物到修行的見解、體驗，我們什麼都一起分享。」

　　佛陀嘉許他們說：「好極了！我真高興看到你們如此融洽相處，一個真正的僧團就應該這樣和平共處。你們真的覺醒了，所以才能證得這種和諧。」

　　佛陀在這裡和三位比丘住了一個月，他觀察他們每天早上怎樣在禪修之後乞食，哪一個比丘最先回來，便替其他比丘準備座位、取水以備清洗，並擺放好一隻空缽。他自己用食之前，必先把一些食物放進空缽內，以免其他比丘乞不到食物回來。他們全部用食完畢，又將剩餘的食物放置在地上或水流中，小心不會傷害到附近的小動物。然後，他們才一起把乞缽清潔乾淨。

　　誰先發覺到茅廁需要清洗，便立即去做，需要別人協助的工作，他們都一起合作。他們又不時坐下來，交換修行上

的心得與經驗。

離開三位比丘之前，佛陀對他們說：「比丘，僧團本來的性質就應該是和諧的。我認為依照下列的原則，應該可以達到和諧相處：

1. 共同享用一處公用的地方，如森林或家居。

2. 共同享用日常的必需品。

3. 一起持守戒律。

4. 只用有利於和合的言語，避免導致僧團分歧的言說。

5. 互相交換見解和心得。

6. 尊重他人的觀點，而不要勉強別人跟隨自己的看法。

僧伽如能依照這些原則，必定能獲得喜樂與和諧。比丘，讓我們以後就遵照這六條原則。」

比丘們都很樂意接受佛陀的教導。佛陀與他們道別後，便步行至波奈耶伽附近的羅稽羅森林。在一棵娑羅樹下禪坐後，他決定一個人在這裡度過即將來臨的雨季。

18

——

依照正法

　　坐在娑羅樹下，佛陀沐浴在平和、喜悅和自在之中。這個可愛的森林裡，有碧綠的山坡、清澈的泉水，更有一個湖，佛陀享受著獨居的寧靜。他想起憍賞彌那些比丘的紛爭，連累在家弟子也受困擾。他很失望比丘不肯聽從他的指示，但卻明白他們是被瞋恚心所蒙蔽。

　　佛陀在羅稽羅森林遇到了各種動物，其中包括一群象。最年老的象后，時常會帶著小象到湖邊沐浴，也會教小象如何啜飲清涼的湖水、吃水裡的荷花。佛陀在一旁觀察牠怎麼用象鼻抓著一束荷花在水裡清洗並搖去污泥，小象都仿傚著牠。

　　這群象很喜歡佛陀，於是漸漸成為他的好朋友，象后更

時常會摘來水果，獻給佛陀。佛陀喜歡撫摸小象的頭項，和牠們一起走到湖裡去，他也很愛聽象后威猛的吼叫，那聲音像極了號角聲。他便自己練習大象的叫聲，直到和牠的一模一樣為止。一次，象后發出叫聲後，他也發出同樣的號叫，象后凝望著他，然後上前跪下，像是要向他鞠躬似的，佛陀則輕撫牠的頭部。

這是佛陀證悟後第十次的安居，但只是他第二次單獨度過雨季。整個雨季，他都是一個人在清涼的森林裡，只有早上出外作短暫的乞食。雨季過後，佛陀便離開他的象群朋友，往東北方向走去。

經過兩星期的步行，他終於抵達了舍衛城的祇園精舍。舍利弗和羅睺羅見到了佛陀都非常高興，好些大弟子也正在祇園精舍，其中包括目犍連、摩訶迦葉、摩訶迦遮羅、優婆離、摩訶句帝耶、摩訶迦毘羅、摩訶軍那、離婆多和提婆達多。阿耨樓陀、金毘羅和竺難提伽也剛從迦羅村的竹林來到了祇園精舍，喬答彌比丘尼也在舍衛城。見到佛陀，他們每一個人都很歡喜。

佛陀走進他在祇園精舍的寮房，發現阿難陀正在那裡打掃。佛陀離開這裡已經足足有一年零四個月了。阿難陀放下掃帚，向佛陀鞠躬頂禮，佛陀問他有關憍賞彌的情況時，他回答：「你離開之後，幾位師兄弟走來告訴我：『師兄，師父走了，他是一個人離開的，你何不跟著去作隨從呢？你不

象后會摘來水果，供給佛陀。

去的話，我們便自己去。』但我告訴他們：『既然佛陀沒有告訴任何人他要離開，一定是想獨行，我們不應騷擾他。』六個月後，這幾位師兄弟又再來告訴我：『師兄，我們已經很久沒有直接得到佛陀的教誨了，我們想去找他。』這一次，我也同意他們的話，但我們四出找尋，都找不到您。沒有人知道您的下落。最後，我們才前來舍衛城，但您也不在。因為我們預料您早晚會來，所以就在這兒等待。我們都知道，您一定不會離棄弟子的。」

「您離開憍賞彌的時候，那裡的情形如何？比丘是否仍有分歧？」

「世尊，他們的衝突日益惡化，雙方都互不理睬，氣氛很不自然。在家眾都對這種情況感到不安和失望。我們向他們解釋，告訴他們很多比丘都拒絕分立，漸漸地，在家弟子便自有主意了。他們來到精舍與滋事的比丘說項，他們說：『是你們弄到佛陀如此不高興地離開的，應該負起這個責任。而且你們又讓我們在家眾對僧團失去信心，請你們反省吧！』起初，滋事的比丘都不予理會，但在家眾決定不再供食給這些比丘，他們說：『你們不值得佛陀的愛護，因為你們不能和合共處。你們是遵從佛陀教示的，應該彼此和解，並去找佛陀，向他認錯。只有這樣做，我們才會對你們恢復信心。』世尊，在家眾一直堅持他們的立場，我離開那天，他們雙方已同意見面，我肯定他們很快便會來到這裡，正式

認錯。」

佛陀拿起阿難陀放下的掃帚，「讓我來掃，請你替我找舍利弗來，告訴他我有事和他商談。」

佛陀隨意掃了幾下，便到房子外的一張竹椅坐下來。祇園精舍的確美麗，樹上正掛上了新葉，整個森林充滿了鳥兒的歌唱聲。舍利弗來到，靜靜地坐在佛陀旁邊一陣子。

佛陀告訴舍利弗他的心事，「我們必須一起盡力防止這美麗的精舍有任何不和的事件發生。」

他們針對這件事談了很久。

這天之後的一個下午，舍利弗尊者接到消息，知道憍賞彌的比丘正在前來祇園精舍的路上，而且已經抵達舍衛城，舍利弗便去問佛陀：「憍賞彌的兄弟很快就會抵達，我們應該如何處理此事？」

佛陀答道：「依照正法處理。」

「您可以解釋清楚嗎？」

「舍利弗，你還需要這樣問嗎？」

舍利弗靜默不語。這時，剛好目犍連、迦葉、迦遮羅、句帝耶、迦毘那和阿耨樓陀來到，他們也問：「我們應該怎麼應付從憍賞彌來的弟兄們？」

他們全都望著舍利弗，但佛陀只是微笑，他看著這些大弟子說道：「細聽雙方的陳詞，絕不要偏袒。留心考慮你們所聽到的，再判斷是否合乎正法。只有合乎正法的，才會導

致平和、喜悅和解脫，這些也就是我自己所修習的。我曾經斥責過的，或我自己不修習的行為，也就是不符合正法的。當你們瞭解什麼是符合或不符合正法時，就會知道如何幫助他們達成和解。」

這時候，以給孤獨長者為首的幾位在家護法，來到佛陀的房舍。他們說道：「世尊，憍賞彌來的比丘已經到了，我們應怎樣招待他們？是否為雙方供食？」

佛陀微笑，「都為雙方供食吧，向他們表示你們對僧伽的支持，讚賞他們符合正法的言語。」

阿難陀回來向舍利弗報告，說憍賞彌的比丘已到了精舍門外。舍利弗問佛陀：「我們應該現在讓他們進來嗎？」

佛陀說：「打開大門歡迎他們。」

舍利弗說：「我先去為他們安排休息的地方。」

「暫時讓他們雙方住在不同的地方。」

「要找到足夠的地方或許有些困難。」

「我們可以暫時忍耐，大家擠一擠，但切勿讓長者露宿，把食物和醫藥平均分配給所有人。」

舍利弗通令他們開啟大門，憍賞彌的比丘們都分配到了必須品和度宿的地方。

第二天早上，舍利弗依照佛陀的意思，將新來的比丘分成小組，到不同的地點，如常外出乞食。那天傍晚，比丘們請舍利弗安排他們與佛陀見面，準備正式認錯。舍利弗說：

「向佛陀認錯並非最重要的事，你們首先要能真正相互諒解，唯有如此，認錯的儀式才有意義。」

當天晚上，引發事端的經師去找那位戒師，他合掌鞠躬，跪在戒師面前說：「尊者，我承認自己犯了戒，你譴責我是對的，我已準備好在僧眾面前認錯。」

經師明白，解決這次糾紛的唯一方法，就是熄滅自己的驕慢心。戒師的回應，也是跪在地上，然後說道：「我也承認自己不夠謙恭、不夠圓滑，請接受我誠懇的道歉。」

深夜時分，精舍舉行了一個經師認錯的儀式，每個人終於鬆了一口氣，尤其是那些在事件中一直沒有偏袒任何一方的憍賞彌比丘。子夜之後，舍利弗才告訴佛陀雙方已經達成和解，佛陀默然點頭，這次的紛爭終於告一段落了，但他知道，這件事所成造成的傷害要很長一段時間才能復原。

19

以禾蓋土

目犍連尊者提議召開一次大會，集合祇園精舍的大弟子和憍賞彌事件中的當事人共聚一堂。集會的目的，是要從這次的經驗中學習，以避免再度發生類似的事情。摩訶迦葉將擔任大會的主席。

會議開始，摩訶迦葉首先請阿耨樓陀複述佛陀在東竹林對他講說的六條和合共處的原則。聽過阿耨樓陀的講述後，目犍連尊者建議所有修道中心的比丘和比丘尼，把這些條文背誦起來。

經過四天的討論，會中的比丘訂下了七項僧團內調停糾紛的和解議程，並稱這七項程序為「七滅諍」：

第一項程序是現前毘尼，又作面前止諍律，即「面對面

坐談」。這項程序，是要讓雙方同時在場，在大會中陳述整個糾紛的經過。這是為了避免私人談話影響個人對任何一方的偏袒，而導致更多的不和。

第二項程序是憶念毘尼，即憶止諍律。在大會上，雙方都要盡量從事故的開始，回憶所有導致衝突發生的細節，然後清楚地陳述出來。如有證人證物，則需一併提供。大會將會耐心傾聽雙方的陳詞，以便獲得足夠資料供審查使用。

第三項程序是不癡毘尼，又作不癡止諍律，即「當事僧尼都應該志在和解，雙方都要向大會表現出如此的誠意」。倔強被視為是消極的，而且是具破壞性的。假使一方聲稱他的破戒是由於無知或心神不定，實乃無意，大會也應將其列入考慮因素之一，以期找到雙方都滿意的解決辦法。

第四項程序是自言毘尼，又作自發露止諍律，即「自行認錯」。大會鼓勵任何一方主動承認過失，而不要等到大會或對方提出錯誤。大會將給予充分的時間，讓他承認任何過錯。承認自己的過失，是和解的開始，也能鼓勵對方作出同樣的表示，如此便有可能導致全面性的和解。

第五項程序是覓罪相毘尼，又作本言治毘尼、居止諍律，即「接受裁決」。達成裁決的時候，會將它宣讀三次，如果沒有人反對，判決便成立。雙方都不能反對裁決，要信賴大會的評審，並執行判決結果。

第六項程序是多人覓罪相毘尼，又作多覓毘尼、展轉止

諍律，即「一致同意的決定」。經過詳細審核雙方陳詞，並肯定雙方和解的誠意後，大會作出的裁決必須經過一致通過。

第七項程序是如草覆地毘尼，又作草伏地、如棄糞掃止諍律。在大會中，德高望重的長者僧，會被委任代表每一方。他們都是在僧團中備受尊敬的高僧，他們不需多說，但所說的話都具有特別有份量。他們的話將帶有安慰和療傷的作用，以促使大家盡快和解。這就像以禾蓋土，使走過的人都不會弄髒衣服。經常，就是因爲這些高僧才使雙方得以不計小節，進而互相諒解、彼此和好。

佛陀的大弟子把這七項調解程序呈給佛陀批閱，佛陀讚賞他們的功勞，並同意將這些條文列入正式的戒律中。

佛陀在祇園精舍多逗留了六個月，才動身回王舍城。途中，他前往探視菩提樹，並到優樓頻螺探訪縛悉底一家人。縛悉底那時已二十一歲了，佛陀回來履行他的諾言，迎接縛悉底加入僧團。縛悉底被授戒之後，很快便和羅睺羅成了很要好的朋友。

20

—

大地的教化

縛悉底對馬勝和阿難陀憶述佛陀為弘法所作的努力，聽得十分投入，興趣盎然，喬答彌比丘尼和羅睺羅也聽得很入神。阿難陀的記憶力的確驚人，馬勝所遺漏的小細節，他都為他一一補充。縛悉底很感激這兩位比丘、喬答彌比丘尼以及羅睺羅，如果不是他們，他相信自己永遠都不會知道那麼多關於佛陀的事蹟。他真希望自己能時常親近佛陀，以見證他的生活並獲得直接的教導。

縛悉底也很感謝善生，雖然他自己是個賤民階級的牧童，但善生讓他接受了一般青年所應獲得的基本教育。幾年前善生離開優樓頻螺，嫁給了一個迷底耶人，他的課程才因而停止。縛悉底相信自己現在可以從羅睺羅那裡學到很多東

西，他覺得羅睺羅的舉止溫文莊重，他不只是來自貴族，更在僧團平靜專注的氣氛中浸淫了八年之久。比起羅睺羅，縛悉底覺得自己粗魯笨拙，但這些感受卻使他倍加精進地修行。舍利弗囑咐羅睺羅教導縛悉底基本的行儀，如穿衣、持缽、行、住、坐、臥、用食、洗衣、聆聽開示等，而這些全都要在留心專注中進行。一個比丘要熟誦並勤修四十五項促進專注平和的行門。

原則上，羅睺羅仍然是個學僧、一個沙彌，要等到二十歲才可受具足戒。一個沙彌要守十戒——不殺、不盜、不淫、不妄語、不飲酒、不戴花飾和不用香水、不坐臥高敞大床、不參與世俗歌舞宴會、不沾錢財，以及過午不食。四十五行門雖是具足比丘所修，但羅睺羅知道他也應該研學行持，以作準備。一個比丘要守一百二十條戒律，當中包括了四十五行門，羅睺羅告訴縛悉底，將會有更多戒律附加上去，而且他聽說數目將會超過二百條之多。

羅睺羅向縛悉底解釋，僧團最初的幾年是沒有正式戒律的，比丘的受戒非常簡單。那人只需跪在佛陀或一位比丘腳下，念誦三皈依文三遍即可，但僧團日益擴大，人數漸多之後，有些比丘便需要規條作為指引，才能更加自律。

羅睺羅又告訴縛悉底，第一個違反僧伽精神的比丘，名叫須帝那，也就是須帝那的行為，促使佛陀制定最初的戒律。受戒以前，須帝那是個已婚的人，居住在毘舍離郊區的

迦難達村，他聽過佛陀說法後，便要求披剃。成為比丘後不久，他回到迦難達，答應了家人的邀請，回家吃飯，他的家人又勸他還俗，替家裡經營生意。他加以拒絕，但他的家人埋怨他身為獨子卻不繼承家業，擔心家財會落入外人手裡。看到須帝那堅決不肯還俗，他的母親便求他為家裡留後，以繼香燈。經不起母親的哀求，又因為沒有戒律作為引導，他便同意與前妻在摩訶婆提森林中相會。之後，他的妻子懷孕，產下一個男嬰，改名毗迦耶，意即「種子」。須帝那的朋友嘲笑他，稱他為「種子的父親」，僧伽的聲譽也因此受損。佛陀召集眾僧，呵斥須帝那。就是因為這個事件，才開始制定戒律的。從那時起，每次一有比丘違反解脫與開悟之道的精神，便會召開大會，加定新戒，這些戒律稱為「波羅提木叉」。

有四條戒律最受重視，違反其中一條，就會被逐出僧團，如犯其他戒律，認錯後便可得到原諒。這四條大戒是——不淫、不盜、不殺、和不要在未證道者前誇耀自己已經證道。這四條大戒稱為「波羅夷」。

羅睺羅又告訴縛悉底，佛陀雖然很愛護他，卻從來沒有特別照顧他。他回想起十一歲那年，有一次他放著正務不做跑去玩，事後為了怕受責備，就向舍利弗撒謊。為免真相被舍利弗揭露，他一連撒了四個謊話。但真相通常早晚都會被揭露，他的謊言也不例外。那次，佛陀為了教導他，特別告

訴他誠實的重要。

當時，舍利弗和羅睺羅住在阿摩芭娜帝迦園林，離佛陀居住的竹林不遠。一天，佛陀造訪他們，羅睺羅拿了一張椅子給佛陀坐下後，又拿了一盆水讓佛陀清洗手腳。佛陀洗滌完畢後，便倒掉了盆裡大部分的水，然後看著羅睺羅問道：「羅睺羅，盆裡剩下的水是多還是少呢？」

羅睺羅答道：「只剩下很少。」

佛陀說：「你知道嗎，羅睺羅，一個說謊的人，他的信用就像盆裡剩下的水一樣少。」

羅睺羅默不作聲，佛陀又將剩下的水也倒掉，然後問他的兒子：「羅睺羅，你看到我怎樣把水倒光了嗎？」

「我看到了。」

「那些繼續不說實話的人，他們的信用就像這個盆裡的水，全部流失了。」

佛陀把盆反過來，問羅睺羅說：「你見到這盆是怎樣反過來的嗎？」

「我見到了。」

「如果我們不習正語，我們就像這個盆一樣的顛倒。就連開玩笑也不能撒謊的，羅睺羅，你知道一個人為何要用鏡子？」

「知道。鏡子可以讓我們看到自己的映像。」

「對了，羅睺羅。你應該像照鏡子一般對待自己的行

羅睺羅放好椅子讓佛陀坐下，然後端水來給他洗腳。

為、思想和言語。」

羅睺羅的故事讓縛悉底更深刻地體會到正語的重要，他想起自己曾多次對父母撒謊，更有一次對善生撒謊。他慶幸自己沒有對佛陀說過假話，其實，佛陀是很難被欺騙的，人說謊話的時候，他可以輕易地看出來。縛悉底想：「我決心以後要對所有的人說真話，就連小孩也不例外，以報答佛陀對我的恩典。我一定會努力精進，堅守戒律。」

每月兩次，在新月和滿月之日，比丘都會聚集誦戒。僧眾會高聲讀誦每一條戒律，然後互問有誰犯了戒，沒有人的話，便繼續朗讀下一條。如果有人犯戒，他便要在僧眾前認錯。除了四大戒條外，一般的犯戒都可經認錯獲得寬恕。

佛陀經常會叫縛悉底加入他的行列乞食，舍利弗和羅睺羅也會同行。這年雨季，他們全住在王舍城南部的一個小鎮耶迦難羅附近的山裡。一天下午，當比丘們行經耶迦難羅稻田的時候，被一個名叫婆私吒，屬於高尚階層的農夫停了下來。這個農夫非常富有，擁有幾千畝的農地，那時正是初耕時節，他正在那裡指揮著數百個工人從事勞動工作。看見佛陀經過，他便站在路中央，用鄙視的語氣說道：「我們是農夫，我們犁田、播種、施肥、栽植，並收割農作物，才能有糧食。你們什麼也不做，卻仍然有食物可吃。你們全都沒用，不犁田、播種、施肥、栽種和收成。」

佛陀應道：「啊，但我們其實有這樣做的，我們犁田、

播種、施肥、栽種和收成。」

「那你們的犁在哪兒？水牛和種子何在？又有什麼收成？」

佛陀答道：「我們把信念的種子播在至誠的心田上，我們的犁是細心專注，而我們的水牛就是精進的修行，我們的收成則是愛心和瞭解。大人，沒有信念、瞭解和愛心，生命裡便只有痛苦。」

婆私吒發覺自己意外地被佛陀的話語所感動，他下令侍從為佛陀送上乳汁香飯，可是佛陀沒有接納。「我並非希望得到供養才與你分享這些的，如果你真想作供，請等下一次機會吧！」

那地主大受感動，一下子便俯身在地上禮拜，請求佛陀收他為在家弟子。縛悉底親眼看到了這一切，他明白自己可以從佛陀身上學到很多東西，他也知道在佛陀眾多的學生中，只有少數人如此幸運，得以親近佛陀。

雨季過後，佛陀便前去西北弘法，秋末才回到舍衛城。一天早上乞食時，羅睺羅無法集中專注，雖然他繼續跟著隊伍走，但心神早已不在。羅睺羅凝視著前面的佛陀，猜想著佛陀如果沒有走現在的道路，又會怎樣；假如佛陀繼位為王，自己又會如何？滿腦子想著這些，羅睺羅完全忘記了要覺察呼吸和步伐。佛陀毋須看見羅睺羅，已經知道他兒子無法專注了。他停下來，轉過身來，其他的比丘也跟著停住，

佛陀看著羅睺羅說：「羅睺羅，你有沒有觀察著呼吸並保持專注呢？」

羅睺羅低頭。

佛陀說：「要保持專注，一定先要靜觀呼吸。我們即使是在乞食之中也要禪修，繼續靜思由『蘊』聚合而成的萬物，其本質的無常與無自性。『五蘊』就是色、受、想、行、識。細察你的呼吸和思想，這樣，你的心便不會散亂。」

佛陀又轉身回去，繼續前行。他的話也提醒了其他比丘要保持專注，但走不到幾步，羅睺羅便自行離隊，走到森林裡一個人坐在樹下。縛悉底跟了過來，但羅睺羅對他說：「請你繼續跟其他比丘去乞食吧，我現在沒心情乞食，佛陀當著眾多比丘的面教訓我，我真是覺得羞恥，我想在這裡靜坐一會兒。」看到自己幫不了好朋友的忙，縛悉底只好回去加入其他比丘的行列。

返回精舍的路上，舍利弗尊者和縛悉底再次邀羅睺羅一起回去。回到精舍，縛悉底便把一半的食物分給羅睺羅。用食後，舍利弗告訴羅睺羅，佛陀想見他，縛悉底獲准陪同前去。

佛陀明白，現在正是適當的時機，給羅睺羅一些教示。他說：「羅睺羅，向大地學習吧！無論我們把清香的花朵、香水或乳汁撒在地上，或是將穢臭的糞便、尿、血、黏液、涎沫等丟棄在地上，大地都一概領受，不迎不拒。因此，無

論是令人愉悅或令人不悅的念頭冒起，都不要被它所纏縛或奴役。

「向水學習吧！羅睺羅。我們用水清洗污垢，水卻一點也不會悲傷或覺得羞辱。向火學習吧！火會毫不分別地燒毀一切，並不會介意燒的東西是否潔淨。向空氣學習吧！空氣承載著所有的氣味，無論它是香是臭。

「羅睺羅，修習慈愛以降伏瞋怒，慈愛是無條件帶給人歡樂的心量。修習悲心以降伏殘忍，悲心是不求回報地替人脫苦的能耐。修習歡喜心以降伏怨恨，這是為他人的成功和幸福產生喜悅之情。修習能捨心以降伏偏執，捨心是對一切事物平等開放地看待。此是因彼是，彼是因此是。自他沒有分別，不要排斥一樣而又追求另一樣。

「羅睺羅，慈、悲、喜、捨都是深奧美妙的心境，我稱它們為『四無量心』。如果你修習它們，一定會帶給他人清新的生命力，成為他人快樂的泉源。

「羅睺羅，思惟無常以破除我執的妄見。思惟色身的生、住、異、滅，以把自己從欲念中解脫出來。時常觀察你的呼吸，專注於呼吸會為你帶來無限的喜悅。」

縛悉底很高興自己能坐在羅睺羅身旁，而有機會聽到佛陀所說的一切。雖然縛悉底已會背誦《轉法輪經》和《無自性經》，但他從未領略過像今天這種微妙的法味，這可能是因為他沒有親聞佛陀講說這兩部經的關係。他第一次親聽佛

陀的經教，是《看顧水牛經》，但當時他還未成熟到能掌握住其中的奧義。他決定在空餘的時間，以現在所獲得的深入瞭解，去熟讀其他所有的經教。

那天，佛陀又教導他們兩個年輕人用不同的方法來觀察呼吸，雖然他們都曾接受過這方面的教導，但這次卻是第一次得到佛陀的親自指導。佛陀告訴他們，留心專注地觀察呼吸所得到的第一個效果，就是降伏散亂心和昏沉。

「吸氣的時候，要覺察到你在吸入氣息，呼氣的時候，要覺察到你在呼出氣息。在練習呼吸的時候，集中心念在你的氣息上。這樣，胡思亂想便會終止，而使你的心投入專注之中。當你覺察呼吸，你便會專注，在專注中，你便不會散亂。就在一呼一吸之間，你便證得覺醒。這種覺醒，就是潛藏在每一個眾生之內的佛性。

「吸入的氣息短，就要知道自己在吸入短的氣息，呼出的氣息長，就要知道自己在呼出長的氣息，你要全面地覺察每一口氣息。專注地觀息可以幫助你得定，有了禪定，便可以洞察你身、受、心和諸法。」

佛陀全心全意地教導他們，他的話語簡單而深奧。縛悉底很有信心，上了佛陀這特別的一課之後，他可以比從前更容易專注地觀息，而在修行上獲得更大的進步。向佛陀鞠躬頂禮之後，縛悉底和羅睺羅一起走向湖邊，並互相複習佛陀所說的話，以便牢牢記住他的言教。

21

一把麥糠

接下來的一年，佛陀與五百比丘在鞞闍那雨季安居。舍利弗和目犍連替他助理一切事務。安居季節剛過一半，整個地區都受到乾旱的影響，熱氣逼人。佛陀大半天都在一棵婆樹蔭下度過，用食、開示、禪修和睡覺都在同一棵樹下。

安居進入第三個月後，比丘們所乞到的食物愈來愈少，食物短缺是因為天旱所至，就連政府的儲備糧餉，也都所餘無幾。很多僧人往往空缽而回，佛陀也不例外，每次空缽而回的時候，他只好喝水充飢，所有的比丘都因而變得面黃肌瘦。目犍連尊者建議遷往鬱多羅拘盧度過剩下來的安居日子，因為那裡會比較容易找到食物，但佛陀卻反對，他說：「目犍連，不單是我們在受苦，除了幾個富有的人家外，這

裡所有的居民也都在捱餓，我們不能在這個時候離棄他們的。這是我們分擔和瞭解他們苦難的機會，我們應該留在這裡直到安居結束。」

他們這次前來韓闍那，是富商火達多聽過佛陀說法後邀請他來這裡安居的，但火達多現在卻在外出差，對家鄉的情況毫不知情。

一天，目犍連指著精舍旁邊長得很強壯、翠綠的一些草木，對佛陀說道：「師父，我想這些樹木還可以保持健壯，一定是因為泥土含有豐富的養份。我們可以掘起那肥沃的土壤，用水調勻，給比丘們當食物。」

佛陀說：「這是不對的，目犍連。我昔日在彌多落迦山上苦修的時候，也曾這樣試過，但發覺其實並沒有好處。許多生物都住在泥土裡，以防受到太陽的曝曬，如果我們翻起泥土，很多的微細生物和植物便會死去。」目犍連沒有再說下去。

一向以來，比丘的僧規都是把乞來的一部分食物，放進一個空的容器，供給那些乞不夠食物的比丘食用。縛悉底留意到，在過去十日，容器內就連一粒飯或一小片烙餅也沒有。羅睺羅私下告訴縛悉底，雖然每個比丘都乞不夠食物，但一般人都會先供食給年長的比丘們，因此，年輕的比丘大都乞不到任何的食物。縛悉底也有同感，他說：「即使是在乞到一點食物的日子裡，我吃完之後也很快又肚子餓了，你

也是這樣嗎？」

羅睺羅點頭，他發覺自己時常因為飢餓而睡不著覺。

一天乞食回來，阿難陀尊者在戶外的三腳爐上，放了一個土製的煲，又收集了一些柴枝生火。縛悉底走過來看看他在做什麼，並主動替他看火，因為他對這種工作最熟悉了。不到一會兒，火已燒得熊熊的，阿難陀從他的缽中把一些看似木屑的東西倒進煲內，他說：「這是麥糠，我們可以把它烤香，然後獻給佛陀。」

縛悉底一邊用兩支小竹枝移動著麥糠，一邊聽阿難陀說他如何遇上這個剛帶著五百匹馬來到韡闍那的馬販。他看到比丘的苦境，於是囑咐阿難陀，說比丘有需要時，可以到他的馬房，受他供養用來當馬匹糧食的麥糠。那天，阿難陀受供兩把麥糠，其中一把是給佛陀的，阿難陀答應會把這個慷慨商人的消息告訴所有的比丘。

麥糠很快便烘得香噴噴的，阿難陀把它放回缽中，請縛悉底陪他一起前去婆樹那裡。阿難陀將麥糠奉上給佛陀，佛陀問縛悉底有沒有食物，縛悉底則展示他那天很幸運乞到的甜薯。佛陀邀請他們坐下來與他共食，然後恭敬地提起他的缽，縛悉底也專注地拿起他的甜薯。當他看著佛陀滿懷感恩地把麥糠撥到嘴裡時，他真的想哭了。

那天開示完畢，阿難陀尊者告訴僧眾馬販的好意。阿難陀請他們只在乞不到食物時才到馬房受供，因為麥糠本來是

給馬匹吃的，他不希望連累馬匹捱餓。

那晚，舍利弗在月下前往會見在婆樹下的佛陀，他說：「世尊，覺醒之道太奇妙了！所有聽聞、理解和修行它的人，都被它徹底改變了。但世尊，您入滅後，我們要怎麼確保大道的傳承呢？」

「舍利弗，如果比丘們可以掌握到經中的真義，又能如實修行、嚴守戒律，解脫之道便可以世代延續下去。」

「世尊，許多比丘都勤誦經典，只要將來世代的僧人都繼續如此，您的慈悲和智慧必定可以流傳久遠。」

「舍利弗，單傳經教是不夠的，最重要的還是實行經中所說的，持守戒律尤其重要。沒有戒行，正法難持。沒有戒律，正法很快便會滅亡。」

「有沒有什麼方法能把戒律形式化，以便保存於後世呢？」

「這仍沒有可能，舍利弗，一套完整的戒律不是一朝一夕或一個人可以建立起來的。僧團的初期，是沒有戒律的。因為僧眾們不停有犯錯和過失，才有需要訂定戒律。我們現在有一百二十戒，這個數目會隨著時間增長。舍利弗，現在的戒律還未完整，我相信它的數目會達到二百以上。」

安居的最後一天終於來臨，富商火達多從外地回來後才知道比丘們的狀況。他覺得非常慚愧，便立刻在家裡為比丘們供食，又為每位比丘送上一件新的衲衣。佛陀作了雨季的

最後一次開示後，比丘們便往南面而行。

　　這次的旅程非常寫意，比丘們都走得不緩不急。他們日間乞食，夜間作息，每天午食後小休，又再出發。他們偶爾會停留在一些村鎮數天，以滿足當地居民聽法的興趣。晚間，僧眾會在睡覺前讀誦經本。

　　一天下午，縛悉底遇到一群牧牛的男童，正牽著水牛回家，便停下來與他們交談，緬懷著自己年少時的日子。忽然間，他思鄉的情懷被勾起來了，他惦掛著盧培克和芭娜，尤其是媲摩，他不知道一個比丘是否應該想念他已離開了的家人。當然，羅睺羅也曾告訴縛悉底，自己對家人也非常掛念。

　　縛悉底現在已經二十二歲了，他比較喜歡與年輕人相處，尤其喜歡和羅睺羅在一起，他們時常會互吐心聲。縛悉底告訴羅睺羅他牧牛的日子，羅睺羅從沒有機會坐在水牛背上，當縛悉底告訴他水牛的溫馴，羅睺羅起初覺得很難相信，縛悉底再三向他保證，水牛體型雖然龐大，卻是最馴良的動物之一。他不知曾有多少次在歸途中仰臥在牛背上，沿著河岸欣賞藍天白雲，在溫暖軟滑的牛背上，享受悠閒的每一刻。縛悉底又告訴羅睺羅他與別的孩子所玩的遊戲，羅睺羅很喜歡聽這些故事，因為他在王宮裡長大，這種生活是他從未接觸過的。他說他想騎在水牛背上，縛悉底便答應一定會為他安排。

　　縛悉底想設法為羅睺羅安排騎水牛，但卻記起他們都是已受戒的比丘了！他決定在途經故鄉附近時，向佛陀請准回家探望家人，那時候，他便可以邀請羅睺羅與他同行。當沒有其他人的時候，他便會讓羅睺羅騎上盧培克所看顧的水牛，在尼連禪河河畔暢遊。縛悉底自己也會脫下衲衣，騎上水牛背，就像昔日一般。

　　翌年，佛陀在者梨迦這個石子遍布的山上安居，這已是佛陀證悟後第十三次的雨季安居了。彌伽耶是他當時的侍從。一天，彌伽耶向佛陀透露，他在森林禪坐時，往往會被情欲所擾。佛陀曾囑咐比丘們要有一些時間獨自修行，但當他獨自修行時，卻有這麼多的魔障現前，令他非常擔心。

　　佛陀告訴他，獨自修行並不代表不需要同修的支持。當然，與友伴做無聊的閒談或談論是非對修行肯定是有害無益的，但得到同修道友的支持，對修行卻是非常重要的。比丘們需要在團內共處，才能相互勉勵。這才是皈依僧寶的意義。

　　佛陀又說：「一個比丘有五種需要，第一是同修道友的善知識，第二是有助比丘保持專念的戒律，第三是要有足夠的機會研讀教理，第四是精進修行，第五是能體解事物的慧力。後四種需要都有賴於第一種條件的存在——那就是要有同修良伴。

　　「彌伽耶，要修習觀想死亡、慈悲、無常和對呼吸的覺察：

「要降伏欲念，必須修習觀想死屍。深刻地洞視身體腐爛的九個階段，從氣息停止至白骨化為塵土。

「要降伏瞋怒，必須修習觀想慈悲。慈悲可以使我們明瞭自己內心瞋怒的起因，以及那些導致我們瞋怒的人。

「要降伏貪欲，必須修習觀想無常。這樣的觀想，可以照亮生死以至於萬象的真相。

「要降伏散亂，必須修習觀想呼吸的氣息。

「如果你能夠時常修習此四種觀想，必定可以證得解脫和徹悟。」

22

慧藏

　　第十三次雨季安居後，佛陀回到舍衛城，縛悉底和羅睺羅都跟著他。這是縛悉底首次來祇園精舍。發現這裡幽美的環境十分適合修行，他著實有點兒驚喜。祇園精舍涼快清新，氣氛友善，每個人都熱誠地跟縛悉底微笑。他們都知道《看顧水牛經》是因他的啓發而講說的。縛悉底堅信在這種互相扶持的氣氛下，對他的修行一定會有很大的裨益。他開始瞭解到，「僧」的重要性一點也不比「佛」和「法」少。僧伽就是一起修習覺察之道的團體，它能提供支援和輔導，皈依僧寶是必須的。

　　羅睺羅剛滿二十歲了，舍利弗為他授戒為具足比丘，團裡的僧眾都為他高興。為羅睺羅授具足戒之前，舍利弗已先

給了他特別的教導。縛悉底那幾天也和羅睺羅在一起，以便
從舍利弗的教導中學到更多。

羅睺羅受戒後，佛陀花了點時間教導他不同的觀想法
門，縛悉底也應邀旁聽。佛陀教他們觀想「六根」：眼、
耳、鼻、舌、身、意，「六塵」：色、聲、香、味、觸（可
碰觸之物）和法（心所生起之對象），以及「六識」：眼
識、耳識、鼻識、舌識、身識、心意識。佛陀教導他們如何
深入觀察這十八種感受的境界，這些境界又稱為「十八
界」，包括了六根、六塵和六種感受意識或內塵。人對事物
的體會，全都是根塵相應而產生的。十八界都是互依互存
的，因此它們都沒有常性和獨立性。瞭解這個道理後，便可
以徹見萬法無自性的實相，從而超越生死。

佛陀很詳盡地為羅睺羅解釋空無自性的真理，他說：
「羅睺羅，在色、受、想、行、識這五蘊之中，沒有任何一
蘊是恆常的、有獨立個體的。這個色身不是有個我，這個色
身也不是屬於某個我的東西。所謂的『我』，不能在色身裡
找到，而色身也不能在所謂的『我』裡面找到。

「一般有三個對『我』性的見解。第一，色身就是我，
又或受、想、行、識都是我。這就是認為『蘊是我』的觀
念，也是第一個錯誤的見解。但當我們說：『蘊非我』的時
候，又墮入了第二個錯誤的見解，因為這便是相信我與蘊實
乃獨立存在的，而蘊只不過是我所擁有之物，這第二個錯誤

見解，稱爲『蘊異於我』。第三個錯誤見解，就是相信蘊中有我，我中有蘊，這便是所謂的『蘊我互存其間』。

「羅睺羅，觀修自性空，就是細觀五蘊，體悟它們非我、非屬於我、和非與我互存其間。一旦破除了這三種妄見，便可以體驗到『萬法皆空』的實相本質。」

縛悉底在祇園精舍留意到一位名叫長老的比丘，他永遠都是獨行的，又不和別人談話。雖然長老尊者沒有騷擾別人或違反戒律，但縛悉底總覺得他不是眞正與僧眾和合共處。一次，縛悉底想和他談話，他卻毫無反應地走開，其他比丘都稱他爲「獨行俠」。縛悉底常聽到佛陀鼓勵比丘們避免閒談，多禪修並鍛鍊自足的能力，但縛悉底覺得長老尊者的自足生活，似乎不符合佛陀所說的原意。縛悉底困惑不解，決定去找佛陀爲他釋疑。

第二天開示的時候，佛陀請長老尊者出來，並問他：「你是否喜歡獨處，做任何事都不靠別人，以免和其他的比丘有所接觸？」

他答道：「是的，世尊，那是對的。您曾囑咐我們要盡量自足並獨自修行。」

佛陀轉過身來，對僧眾說道：「比丘們，我會再闡釋自足的意思和較適當的獨處方法。一個自足的人生活在專念之中，並覺察到每一刻正在發生的一切，無論是在身、受、心、或諸法上。他懂得如何在當下這一刻體察事物，他並不

追逐過去，也不迷失於未來，因為過去的已不可追，而未來的也尚未真的到來。生命只存在於當下這一刻，我們失去此刻，就是失去了生命。生活於當下這一刻，才是更好的獨處方法。

「比丘們，什麼是『追逐過去』的意思呢？追逐過去就是把自己陷於一些已經過去的念頭之中，諸如你從前的樣貌如何、感受如何、所處的地位或曾經歷過的苦與樂等，這些念頭都會使你糾纏於過去。

「比丘們，什麼是『迷失於未來』的意思呢？就是把自己迷失於對未來所生起的念頭之中。這些念頭包括對未來的憧憬、希望、恐懼和擔憂，你會猜想自己將來的外貌、感受、喜樂與苦惱，這些念頭只會讓你為了未來而受到困擾。

「比丘們，快回到此刻，直接與生命接觸，並洞視生命。沒有與生命直接接觸，是不可能徹底洞視生命的。專念地生活可以把你帶回到現在這個當下，但如果你被目前的事物引起了欲望、渴求和焦慮，那你則會失去專注，而不能活在當下了。

「比丘們，一個真正懂得獨處的人，即便是在人群之中，也必定是活在當下這一刻的。如果一個人在森林裡深居獨處而不專注於當下這一刻，反而徘徊在過去與未來，他便不是真正獨處了。」

佛陀用一首偈語綜合他所說的話：

憶莫念過去，
亦勿願未來，
過去事已滅，
未來復未至。
當下於此時，
如實行諦觀，
行者住於斯，
安隱無障礙。
今日當精進，
勿待明日遲，
死亡不可期，
吾當如可置？
若有如是人，
安住於正念，
晝夜無間斷，
聖者遂稱彼，
了知聖獨處。

　　說過偈語後，佛陀向長老道謝，並請他再入座。佛陀沒有嘉許或批評長老，但長老比丘顯然已更為瞭解佛陀所說的自足和獨處的意思。

　　當晚法會中，縛悉底聽聞眾大弟子們對佛陀早上的開示

非常重視，阿難陀尊者重複佛陀每字每句的開示，包括偈語在內。縛悉底一向對阿難陀的記憶感到驚歎，就連佛陀說每個字的語氣，他也記得清清楚楚。阿難陀複述完畢後，摩訶迦遮羅站起來說道：「我提議把佛陀今早的開示錄爲經典，並建議將它命名爲《勝妙獨處法門經》（*Bhaddekaratta Sutta*，跋地羅帝偈）。每位比丘都應熟讀此經，並依此實踐修行。」

摩訶迦葉站起來支持摩訶迦遮羅的建議。

第二天早上，比丘們在外出乞食時，遇到一群在田邊嬉戲的小童。小童捉了一隻蟹，其中的一個男孩用食指把牠按住，然後用另一隻手拔掉牠的一隻螯，觀看的兒童，都拍掌歡呼。那男孩十分滿意同伴們的反應，便再接再勵，又拔掉另一隻螯，然後將蟹腳一隻隻拔下來，然後把蟹身扔到田裡，又再去捕捉另一隻。

小童見到了佛陀和比丘，都向他們鞠躬作禮，然後又再繼續折磨下一隻蟹。佛陀叫他們停止，說道：「孩子們，別人把你的手腳撕下來，你們會覺得痛嗎？」

「會，大師。」小童答道。

「你們知道蟹也和你們一樣，會感到痛苦嗎？」

小童沒有作答。

佛陀繼續說：「蟹也和你們一樣要吃要喝，牠們也有自己的父母、兄弟和姊妹。你們讓牠痛苦，牠的親人也會痛

苦，仔細想想你們的行為吧！」

小童似乎知道自己錯了。佛陀看見其他村民前來圍觀，便乘機講說慈悲之法。

他說：「所有的眾生都有權享受安穩的生活，我們應該保護生命並盡量帶給大家幸福。所有的眾生，不論兩足或四足、泅水或飛翔的，都有生存的權利。我們不應該傷害或殺戮其他眾生，更應保護他們的生命。

「孩子們，就像一個母親可以為了她所關愛的子女犧牲一般，我們也應該擴展胸懷，去保護所有眾生。我們的愛，應該往自己的上、下、內、外擴大，遍及一切眾生。無論日夜，或行住坐臥，都應該活在這種慈愛心之中。」

佛陀叫小童放走剛捉來的蟹，然後又對眾人說：「靜思這種愛心的人，首先會為自己帶來快樂，因為這麼做之後，你會睡得好，醒來的時候更自在，也不會作惡夢或感到憂愁苦惱。同時，周圍的人和物也會保護、關懷你。受到你愛心和慈悲對待的人，會帶給你很大的喜悅，而他們自己的痛苦，也會慢慢消除。」

縛悉底知道佛陀有心對兒童施教，為了幫忙，他和羅睺羅便在祇園精舍開設了一些專為兒童設計的特別課程。在一些年輕在家眾的幫助之下，年輕人每月有一次聚會學法的機會。善達多的四個子女都很幫忙，唯獨兒子迦羅比較沒有興趣聽法，他參加的原因，只是因為喜歡和縛悉底在一起罷

佛陀這天的開示，非常特別。

了，不過漸漸地，他的興趣也日益增長了。大王的女兒跋吉梨公主，也十分支持這些課程。

一天，月圓之日，她吩咐兒童們帶鮮花來供送給佛陀。小童從家裡的花園中或路上的草野間摘下花朵，帶到精舍來。跋吉梨公主自己則在宮中的蓮池裡採了一束蓮花帶來。他們來到佛陀的房子，才發覺佛陀正在講堂裡準備爲僧眾和在家眾開示。公主引領孩子們悄悄地進入講堂，大人們都讓路給他們通過，他們把鮮花放在佛陀前的桌子上，然後鞠躬頂禮。佛陀微笑著鞠躬回禮，示意孩子們坐在他面前。

佛陀這天的法會很特別，小童坐下後，他便慢慢站起來，拿起一朵蓮花，在眾人前舉起來。他沒有說任何的話，每個人也都很安定地坐著。佛陀繼續舉著蓮花一段時間，眾人都大惑不解，心裡猜想著他這麼做的用意。接著，佛陀看著眾人，淡然一笑。

他這才說道：「我具眞實法眼，妙慧之寶藏，而我剛剛已給了摩訶迦葉這個傳承了。」

每個人都轉過頭來望著迦葉尊者，只見他在微笑。他的目光一直沒離開過佛陀和他所持著的蓮花，當大家再回頭看著佛陀的時候，發覺佛陀也正在望著蓮花微笑。

縛悉底雖然有點困惑，但他知道最重要的，還是保持專念。他望著佛陀的同時，也開始觀察氣息。佛陀手裡的蓮花才剛剛開花，佛陀以極溫柔高雅的姿態把它拿在手裡，用大

姆指和食指拈著蓮莖，而蓮莖又剛好貼在他手掌的彎處。他的手掌一如蓮花般美麗，潔淨美妙，剎那間，縛悉底真正體會到蓮花清高之美，根本就沒有什麼要去思想的，自然而然地，他也展顏微笑。

佛陀開始說話：「各位朋友，這朵花是奇妙的實相，當我把它展示在你們面前，你們都有機會體驗它。與一朵花的接觸，就是與奇妙的實相接觸，也就是與生命本身接觸。

「摩訶迦葉就是因為與花朵直接接觸了，才會先你們而笑。你們的內心如果不停有障礙，便一直都不能與花朵直接接觸。你們之中有人會問：『為何喬答摩要舉起那朵花？他這麼做有何用意？』假如你心中有這些念頭，便不能真正體驗這朵花。

「朋友們，在念頭之中失去了自己，是會妨礙我們與生命真正接觸的。如果你被擔憂、懊惱、焦慮、瞋怒或嫉妒所操縱，便會失去與生命的美好神奇接觸的機會了。

「朋友們，我手中的蓮花，只有對那些活在當下的人而言，才是真實的。如果你不回到此時此刻，對你來說，這朵花實不存在。有些人可以走過一整個森林的檀香樹，卻一棵檀香樹也看不見。生命雖然充滿苦惱，但也同時滿載奇珍，你們要留心覺察，才會發現生命裡的痛苦和美妙。

「與痛苦接觸並不是要讓自己迷失在痛苦之中，體驗到生命的美妙也不是要讓自己迷失其中。所謂接觸，就是直接

契入生命的每一刻，如此才能對它有深切的體驗。只有這樣，才能夠瞭解生命的無常性和互依性。有了這分瞭解，我們才不至迷失於欲望、瞋怒和貪愛之中。那時，我們才能獲得真正的自由與解脫。」

縛悉底很高興，他高興自己在佛陀開示之前已明白，而且微笑了。摩訶迦葉尊者比他先笑，但他是縛悉底其中的一位導師，又是佛陀的大弟子，已在大道上走了很遠了，縛悉底深知自己不能與摩訶迦葉又或舍利弗、目犍連和馬勝等相比。畢竟，他也只不過二十四歲罷了！

23

功德田

接下來的一年，縛悉底在迦毗羅衛城的尼拘律精舍安居。雨季之前，佛陀已回到他的故鄉，因為有消息傳來，說釋迦國和隔鄰的拘利國發生了一些糾紛和騷亂，拘利是佛陀母親的家鄉，耶輸陀羅也是來自那裡。

這兩個國家只隔著一條盧奚多河，糾紛的起因，也是因為河水的使用權所引起。一次旱災之後，兩國都無法取得足夠的水量灌溉農田。雙方都計畫建築水壩，以取得乾旱後剩餘的少量河水。起初，彼此的紛爭只限於農民在兩岸粗言對罵，但很快演變為雙方情緒高漲、互相丟擲石頭的場面。警衛隊被派來保護居民，於是緊張的情勢逐漸升高，兩岸排列著士兵，氣氛十分緊張。這樣的局面，令人擔心隨時會爆發

戰爭。

佛陀首先希望能瞭解衝突的眞正原因，他親自詢問在河岸駐守的釋迦族長官。他們指責拘利的居民威脅釋迦族居民的生命和財產，他接著又詢問拘利那邊的長官，而他們也說釋迦族的居民威脅拘利居民的生命財產。直到佛陀直接詢問沿岸的農民，才知道眞正的原因是缺水。

因爲佛陀與兩國的關係特別，才徵得了雙方的同意，請摩男拘利王與善安弗王會商談判。他勸兩方早日議和，以免滋生戰禍，因爲無論誰勝誰敗，雙方都必有損失，而損失可大可小。他說：「兩位陛下，你們說什麼比較珍貴，水還是人命？」

兩位大王都同意是人命可貴。

佛陀又說：「陛下們，這次的紛爭是由於缺水灌漑，如果不是受到人性的傲慢與瞋恚所煽動，這次的衝突實在很容易和解，更不需要動武！仔細審察你們的心，不要因爲傲慢與瞋恚而讓人民的血白流。一旦瞋慢消除了，引發戰亂的緊張氣氛也會自動消散的。你們不妨坐下來，好好研究如何平均分配河水，以供目前天旱之用吧！這樣，雙方都會有相同的水量可用了。」

經過佛陀的調停和輔導，雙方很快便達成和解，又再度恢復了友好和諧的關係。摩男拘利王請佛陀留在迦毘羅衛安居，這是佛陀證道後的第十五個雨季。

安居過後，佛陀轉而南下，在阿拉毗度過第十六次安居，第十七次在竹林，第十八次在拘利耶，第十九次則在王舍城。

每次佛陀留在王舍城，都喜歡住在祇耆瞿陀的山坡上，這山頂形狀似鵰，故又稱為靈鷲山。頻婆娑羅王時常到這裡來向佛陀請法，甚至在這裡的山坡上築了階梯，直達佛陀的房舍，還在有瀑流和泉水之處搭建小橋。他喜歡將馬車留在山下，然後爬著階梯上山。佛陀房舍附近，有一顆大如數間房子的巨石，旁邊的一條清溪，正好讓佛陀用來洗衣清潔，而光滑的大石，則可讓他在上面晾衣服。佛陀的房子，是用山上的石塊砌成的，從那兒望下來的景色，壯麗怡人，他最喜歡在那裡看日落。舍利弗、優樓頻螺迦葉、目犍連、優婆離、提婆達多和阿難陀等大弟子，都在靈鷲山上建有屋子。

在王舍城和鄰近地區，佛陀的僧團現在已有十八個修道中心。除了竹林和靈鷲山，其他比較知名的有濕婆羅婆提山、沙波孫提伽——羅婆羅、七葉窟和帝釋窟山，後兩處都在深山洞穴裡。

阿摩巴離和頻婆娑羅王的兒子戍博迦，現在已是一位名醫師，更成了佛陀的在家弟子，住在靈鷲山附近。他是頻婆娑羅王的私人醫師，而且醫術高明，因專治一些從前無法治癒的病症而名聞邇邐。

戍博迦也照顧佛陀和在竹林或靈鷲山的比丘們的健康。

每年多天，他都會安排一些朋友贈送衣被給比丘們，以防禦夜間的寒冷，他自己也送了一件衲衣給佛陀。戍博迦最相信預防勝於治療，因此，他向比丘們提議了一連串的衛生措施。首先是要他們把飲用水煮沸再飲用，又要他們最少七日洗衣一次，並在寺院中提供更多茅廁，他也提醒比丘們不要吃過夜的食物，佛陀接納了他全部的建議。

衲衣已成爲在家眾一項非常普遍的供養品。一天，佛陀看到一名比丘回來精舍，肩上背著一疊衲衣，佛陀問他：「你那裡有多少件衲衣？」

比丘答道：「世尊，我有八件。」

「你認爲你需要這麼多嗎？」

「不，世尊，我不需要，因爲人家供養給我，我才收下來的。」

「你認爲一個比丘需要多少件衲衣？」

「世尊，以我個人的想法，三件便應該足夠了。即使在寒夜裡，也應該足夠保暖了。」

「我也是這麼想，在寒冷的晚上，我也只需三件衣服，便覺足夠。從現在開始，我們就向眾人宣布，每個比丘只能擁有三衣一缽吧！假如有人再作供養，便只好不再接納了。」

那比丘鞠躬頂禮後，便回到自己的房子去。

一天，佛陀站在山崗上，遙望著稻田，忽然轉過來對阿

佛陀把戍博迦送給他的衲衣洗淨。

難陀說：「阿難陀，那延伸到天邊的金黃色稻田多麼美啊！如果把衲衣像稻田的圖案般縫合起來，你說好嗎？」

阿難陀說：「世尊，這主意很好，稻田式樣的衲衣，真是妙極了。您曾說過，一個比丘的修行，就正如在沃田上植下功德的種子，留給現世及後世的人收益。給比丘供養、向他學法修行，也就像種植福德的種子。我會告訴僧眾以後把衲衣縫成田狀，我們也可以稱衲衣為『功德田』。」

佛陀微笑以示同意。

翌年，善達多前來王舍城，提醒佛陀他已經很久沒有到祇園精舍了，之後，佛陀便回到祇園精舍雨季安居，這是佛陀證悟後的第二十次安居，他現在已經五十五歲了。波斯匿王很高興佛陀來訪，便與一家人前來探望佛陀，其中包括了第二任妻子毗利沙剎帝利和兩個兒女——惡生王子和跋知公主。這位第二任夫人也是釋迦族人，多年前，波斯匿王成了佛陀門徒後，便往迦毘羅衛求娶一位釋迦族公主，於是摩男拘利王把自己美麗的女兒，毗利沙剎帝利，嫁給了他。

雨季中的所有法會，波斯匿王都沒有缺席，聆聽佛陀說法的人與日俱增，其中一位大護法鹿子母夫人，供養了舍衛城以東的茂密叢林給比丘們。雖然它的面積較小，但景色卻不比祇園精舍遜色。在她眾多朋友的贊助之下，鹿子母夫人在那裡建設了禪堂、講堂以及很多小房子。在舍利弗尊者的建議下，他們稱這間精舍為東園，位居叢林中央的講堂，則

命名鹿子母堂。

鹿子母夫人出生於鴦伽國的拔提城,是一個名叫達納難伽耶的大富翁之女。她的丈夫是位來自舍衛城的富翁,她的兒子則曾是尼乾子的門徒。因此,他們父子倆起初對佛陀的法教也不甚嚮往,後來,因為鹿子母夫人對佛法的虔誠,使他們也漸漸對佛陀的教導產生興趣,繼而要求成為在家弟子。鹿子母夫人和好友善華耶夫人時常造訪佛陀的精舍,為比丘和比丘尼們供養大量的醫藥、衲衣和毛巾等日用品。她也答應支持摩訶波闍波提比丘尼的計畫,在恆河東面的沿岸,興建一座尼眾修道中心。鹿子母夫人是僧尼在物質與精神上的大護持者,她的慈悲與智慧,不只一次排解了尼眾之間的小糾紛。

當時,有兩個很重要的決議,都是在鹿子母堂作出的。第一個就是阿難陀成為佛陀的長期助侍,第二個就是佛陀每個雨季都回到舍衛城安居。

第一個決議,最初是舍利弗提出的,他說:「我們所有人之中,阿難陀師兄的記憶力最好,沒有其他人擁有那罕見的記憶力,可以把佛陀所說過的話都複述得一字不漏。如果阿難陀成為佛陀的長期助侍,每次佛陀說法時,無論是公眾法會或私人開示,他必定都會在場。佛陀的言教是無上至寶,應該盡力保存它。過去二十年來,由於我們疏忽了這一點,很多佛陀的教誨都失傳了。阿難陀師兄,請你代我們以

及未來的世人，接受這份任務，成為佛陀的助侍吧！」

　　所有的比丘都表示贊同舍利弗的建議，但阿難陀尊者反而極力推辭，他說：「我看到有幾個問題存在，首先，我們不知道佛陀自己是否會同意讓我成為他的長期侍從，佛陀一向都很小心不讓釋迦族的人得到任何特權，即使是對他自己的繼母摩訶波闍波提比丘尼，佛陀都非常嚴格，羅睺羅更從未與佛陀共食或在他的房子度宿過，佛陀也一直沒有對我給予特別的好處。我只怕當了他的侍從，會被一些師兄弟誤會我是有意利用這職位討好佛陀，又或他們被佛陀責難時，會以為是我向佛陀指證的。」

　　阿難陀望著舍利弗，繼續說道：「佛陀對舍利弗師兄特別讚賞，他是我們之中最具天分和才智的一位師兄。舍利弗更是組織僧團的主導人，因此是佛陀最為信賴的人，可是他也被很多師兄弟們所嫉妒。雖然佛陀做一般的決定，都會與其他人商議，但仍有不少人以為這些決定是舍利弗一人所做。雖然我知道這些傳言是無稽之談，但我就是因為不希望發生同樣的誤會，才不願接受此重任，作佛陀的侍從。」

　　舍利弗尊者微笑道：「我並不介意別人因一時誤會而嫉妒我。我相信，只要我們要做的事是正確的、有價值的，便不需理會他人的批評。阿難陀，我們都知道你做事一向小心謹慎，請你接受這個任務吧！否則，大道正法，今生後世都無法流傳下去了。」

　　阿難陀尊者默然坐著，經過一番躊躇，終於說道：「如果佛陀答應我八項要求，我便願意成為他的侍從。一，佛陀不會把他的衲衣送給我。二，佛陀不會把食物分給我吃。三，佛陀不讓我睡在他的房子裡。四，佛陀不要求我陪他到在家弟子的家裡受供。五，如我要接受在家人的供養，佛陀也會同行。六，佛陀讓我自行決定哪些人可獲佛陀接見。七，如我對他所說的有不解之處，佛陀會在我的要求下，再複述一遍。八，如我未能參加法會，佛陀要為我再說一遍開示的精要。」

　　優婆離尊者起來說道：「阿難陀的條件似乎很合理，我相信佛陀一定會同意的，可是，我不同意第四項要求。如果阿難陀師兄不陪同佛陀前往在家弟子家裡，他又怎能記下佛陀所說的話呢？即使是佛陀對在家人或女眾所說的話，都可能對後世有益的。我建議當佛陀接受在家人供養時，除了阿難陀之外，也多帶另一位比丘前往。這樣，便沒有人會說阿難陀有特權了。」

　　阿難陀說：「師兄，我不認為這是好主意，如果供食的人只有能力供養兩位比丘，那又怎麼辦呢？」

　　優婆離反駁他說：「那佛陀和你們兩位比丘，只好吃少一點了！」

　　其他比丘都大笑起來，他們知道，為佛陀找一個適合的侍從的問題，已經解決了，於是，他們便繼續考慮佛陀是否

應該每個雨季都到舍衛城來。舍衛城的位置很好，因為祇園精舍、東園和比丘尼的道院全都在附近，因此可作為僧團的中心據點。如果佛陀每年都到這裡來，信眾都可以預先計畫，前來直接領受佛陀的法益。在家護法，如給孤獨長者和鹿子母夫人，都已答應提供所有的醫藥、食物與用品給前往舍衛城雨季安居的比丘和比丘尼。

比丘們在散會前決定了每年雨季在舍衛城安居，然後立即前往佛陀的住處向他報告這個提議。佛陀對於他們的建議，都欣然採納。

24

投入此刻

第二年的春天，佛陀爲三百比丘在居樓的都城講說了《四念處經》（*Satipatthana Sutta*），這是一部關於禪修的基本經典。佛陀常說它是令人證得身心平和之道，能爲我們解除悲憂苦惱，而達至最高層次的了悟和徹底的自由。之後，舍利弗向大家宣稱這部經爲佛陀最重要的經典之一，並鼓勵每位比丘和比丘尼都讀誦並實踐它。

當天晚上，阿難陀尊者將全經複述了一遍。「Sati」的意思是「投入專念中」，也就是行者必須時時刻刻覺察自己的身、受、心、法（心所生之對象）──四個專念或覺察的處所。

首先，行者要觀察身體──他的氣息；他行、立、坐、

臥的四個體態；身體的活動，如前走、後退、看望、穿衣、吃、喝、如廁、說話和洗衣等；身體的不同部分，如毛髮、牙齒、筋、骨、內臟、髓、腸、涎和汗等；構成身體的元素，如水分、空氣和熱能；以及身體從死去至骨骸成灰的壞滅過程。

觀身之際，行者會覺察到身體的微細之處，例如，吸氣的時候，行者知道自己在吸入空氣；呼氣的時候，也知道自己在呼出空氣；吸入空氣而使他全身平和安定時，行者也知道自己因吸入空氣而使全身平和安定。步行時，行者知道自己在步行，坐著的時候，行者知道自己在坐著。在做身體的活動，如穿衣喝水時，行者知道自己在穿衣喝水。身體的觀想，並不只限於禪坐時才可以進行，而是整天都可以，包括乞食、用食和洗缽時。

在感受的觀想上，行者要靜思感受的生起、發展和退滅，又或哪些感受是悅意、不悅意或兩者都不是的。感受的來源，可以來自身或心，當他感到牙痛時，行者覺察到他痛的感受，是從牙齒而來；當他因為別人的讚美而高興時，行者知道自己是因為得到別人的讚美，因而感到高興。行者需要深刻地洞察，以平靜他的每一種感受，之後，才能洞悉每種感受的來源。感受的觀想，也不只是限於禪坐時才可以進行，而是隨時隨地都可以進行的。

在心的觀想上，行者靜思他心理狀態的存在。貪求的時

候，他知道自己在貪求；沒有貪求的時候，也知道自己不是在貪求。很激憤或渴睡時，行者知道自己是很激憤或想睡覺；不是很激憤或渴睡時，也知道自己不是很激憤或想睡覺。無論專注或散亂，他都知道自己是專注或散亂。無論他是心懷豁達、心胸狹窄、心性閉塞、心念集中還是大徹大悟，行者都立刻知道。如果沒有體驗到這些狀態，行者也立即知曉。行者每一刻都覺察到，並確知當下此刻所生起的心理狀態為何。

在法或心所生之對象的觀想上，行者先要細觀五種妨礙解脫的障礙或「五蓋」（欲念、瞋惡、渴睡、激動、懷疑）是否存在；合而為人的五蘊（色、受、想、行、識）；六根和六塵；七種導致正覺的因素或「七覺支」（專念觀想、審察正法、勇猛精進、喜獲法益、輕安自在、集中正定、捨離妄法）；四聖諦（苦、集、滅、道）。這些全都是心識產生的對象，亦即萬法之本。

佛陀非常詳細地解釋四念處，他說修行此四念處七年，即可證得解脫，修行七個月也可以獲得解脫，即使修行七日，也可能會獲得解脫。

在一次佛法的研討會上，馬勝尊者提醒大家，這已不是佛陀第一次講說四念處，他其實已曾在不同的場合講解過四念處，只不過從沒有像這次說得那麼詳盡透徹。馬勝同意舍利弗所說，也認為每位比丘和比丘尼都應背誦並實踐這部經。

　　這年春末時分，佛陀回到祇園精舍時，遇到了一個令人聞之色變的殺人犯央掘摩羅，而且將他感化了。一天早上，佛陀進入舍衛城裡，發覺全城一片沉寂，宛如空城。家家戶戶都大門深鎖，街上一個人影也找不到。佛陀站在他慣常接受供食的一個住戶門前，屋主把大門打開了一個窄縫，看清是佛陀在門外，才匆匆請佛陀入內。佛陀一踏入屋內，主人又立刻把大門關上，才請佛陀坐下，更建議佛陀留在屋裡用食。他說：「世尊，今天上街會非常危險，因為有人看到那殺人狂央掘摩羅在這一帶出沒。人們都說他在別處殺人無數，每次他殺了一個人，便將受害人的一隻手指割下，掛在他頸上的繩環上。他們又說，他曾試過一次殺了百人，把死者的手指串成符物，掛在頸上，好使自己的邪力增強。有一件事更奇怪，就是他從不偷取死者身上的財物，波斯匿王已經組織了一支軍警部隊來緝捕他了。」

　　佛陀問道：「為什麼大王要出動整隊軍隊來對付一個人呢？」

　　「尊敬的喬答摩，央掘摩羅是個非常危險的人物，他的武功非凡，曾一個人打退四十個在街上圍攻他的人，其中大部分都被他殺死了，而僅剩下來的幾個，也都落慌而逃。據說他藏匿在伽梨力森林，從此之後，便沒人敢再路過那裡。不久前，二十個武裝警衛潛入森林逮捕他，只有兩人逃了出來，現在央掘摩羅入了城，當然沒有人敢外出了。」

佛陀謝過屋主告訴他這麼多有關央掘摩羅的背景後,便起來請辭了。雖然屋主極力挽留佛陀,但佛陀仍堅持要離去,他說只有繼續如常乞食,才能保持民眾對他的信賴。

正當佛陀在路上緩慢專注地步行的時候,他聽到後面遠處有人跑步的聲音,他知道這便是央掘摩羅,但他沒有畏懼,仍繼續緩步前行,覺察著四周圍以及他內心所發生的每一個動態。

央掘摩羅突然呼喝道:「站住,僧人!停下來!」

佛陀沒有理會,繼續穩步前行。從央掘摩羅的腳步聲,佛陀知道他已從奔跑的步伐,轉至急行的步伐,而且已離自己不遠了。雖然現在佛陀已經五十六歲,但他的視聽能力仍十分敏銳,他手裡持著的,只有乞缽。回想起從前年輕時那個矯健敏捷的太子形象,佛陀淺笑,那時候,年輕的同伴中沒有一個人能打中他一拳。他現在知道央掘摩羅已緊貼在他後面,而且手執武器。佛陀繼續從容地漫步。

央掘摩羅終於趕了上來,與佛陀並肩而行,並說道:「僧人,我叫你停住,為什麼你不停下來?」

佛陀沒有止步,卻說道:「央掘摩羅,我很久以前就已經停下來了,是你自己沒有停下來。」

佛陀出乎意料的回答,使央掘摩羅怔住了。他站到佛陀面前,迫使他停下來,佛陀便望進央掘摩羅的眼裡。再一次,央掘摩羅又愣住了。佛陀的雙眼,閃耀如兩顆星星,央

掘摩羅從未遇過一個人，眼裡散發著如此安詳自在的光芒。
平時所有見到央掘摩羅的人，都會大驚失色，慌忙逃跑，為
何這個僧人一點畏懼也沒有呢？佛陀看著他的眼神，就像是
看著一個朋友或兄弟那般。佛陀知道央掘摩羅的名字，那表
示他也應該知道央掘摩羅是怎樣的人。無疑地，佛陀必定知
道他的惡行，但他怎能面對一個殺人狂而仍然那樣平和輕鬆
呢？央掘摩羅忽然感到自己再也無法抵擋佛陀那慈和的目光
了，他說：「僧人，你說你已停了很久，但你還在前行，又
說是我才沒停下來，你這是什麼意思？」

佛陀答道：「央掘摩羅，我很久以前已停止做那些傷害
眾生的惡行，我學會了如何保護生命，更不只是人類的生
命。央掘摩羅，一切眾生都想生存，他們全都懼怕死亡。我
們應該滋長慈悲心並保護一切眾生的生命。」

「人類並不互相愛護，我又為何要愛護他們呢？人類殘
忍虛偽，沒有把他們殺光，我是不會罷休的。」

佛陀輕柔地說：「央掘摩羅，我知道你曾經因為其他人
的緣故，而受過很多苦。有時候，人們是非常殘酷的，這全
是因為他們的無明、瞋恚、貪欲和嫉妒所致。但人們其實也
可以對別人很慈悲，並且瞭解別人的。你有沒有遇到過比丘
呢？所有的比丘都發願要保衛一切眾生的生命，他們也誓願
降伏貪、瞋、癡。不單是比丘，就連很多其他人的生活，都
是以瞭解和愛心作為基礎的。央掘摩羅，也許世上有很多殘

酷的人，但同時也有很多慈愛的人存在。不要被那些壞人蒙蔽了你的視線，我所行之道，可以把殘酷化爲慈和。瞋怒是你現在所走的道路，你應該停止，重新選擇諒解和慈愛之道。」

央掘摩羅被佛陀的話語打動了，一時間，他心裡覺得十分混亂，就像被人用刀割開，再把鹽擦進傷口裡一般。他知道佛陀的話語是用愛心說出來的，佛陀一點瞋心也沒有，也毫無畏懼。他看著央掘摩羅，如同他是個堂堂正正、值得尊重的人一般。這僧人是否就是那個喬答摩，人們讚頌的佛陀呢？央掘摩羅問道：「你就是沙門喬答摩嗎？」

佛陀點頭。

央掘摩羅說：「眞可惜我沒有早一點遇上你，我現在已在毀滅之路上走了太遠了，來不及回頭了。」

佛陀說：「不，央掘摩羅，做善行是永不言遲的。」

「我可以做什麼善行？」

「停止走在憎恨和暴力的道路上，那便是你最偉大的善行了。央掘摩羅，大海雖無涯，回頭卻是岸啊！」

「喬答摩，就算我想這麼做，現在也回不了頭了。以我做過的暴行，今後又有誰會讓我安寧過活呢？」

佛陀握著央掘摩羅的手，說道：「如果你發願放棄心中的瞋怒而一心修行大道，我一定會保護你的。誓願重新開始，爲大眾服務吧！你無疑是個智者，我肯定你在大道的證

央掘摩羅俯身在佛陀腳下禮拜。

悟上，必可成就。」

央掘摩羅跪在佛陀面前，把背上的短劍除下，放在地上，俯身在佛陀的腳下禮拜。他雙手掩面，啜泣起來，良久，他才往上看並說道：「我誓願放棄惡行，我會追隨您學習慈悲，求您接納我為徒吧！」

這時，舍利弗、阿難陀、優婆離、金毘羅等尊者，和其他一些比丘也都抵達了，大家圍繞著佛陀和央掘摩羅，看到佛陀無恙，而央掘摩羅又受持三皈依，他們都非常高興。佛陀囑咐阿難陀給央掘摩羅一套多出來的衲衣，又請舍利弗到就近的住戶借了剃刀，拿給優婆離為央掘摩羅剃頭，央掘摩羅就馬上在那兒披剃，受戒為比丘。他跪下來讀誦三皈依文，由優婆離為他授戒，之後，他們便一起回到了祇園精舍。

接下來的十天，優婆離和舍利弗教導央掘摩羅如何持戒、禪修和乞食。央掘摩羅比任何在他之前出家的比丘都還要奮發。兩星期後，佛陀前往探視央掘摩羅時，對他的改變也感到很驚訝。央掘摩羅散發著平靜、安穩的氣質，以及一種罕有的溫馴。其他比丘都因而為他起了另一個名字——「不害」，意即「非暴力者」。原來，他出生時父母就是給他取這個名字的，縛悉底認為這名字很適合央掘摩羅，因為除了佛陀以外，沒有其他比丘的目光比他的更充滿了慈祥。

一天，佛陀入舍衛城乞食，同行的有五十位比丘，包括

了不害。他們接近城門的時候，看見波斯匿王騎著馬，帶領著一隊兵團，大王與他的屬下都全副武裝。見到佛陀，大王便馬上下騎，鞠躬頂禮。

佛陀問道：「陛下，發生了什麼事嗎？是否邊境被外敵侵擾？」

大王答道：「世尊，從沒有別國侵略過憍薩羅，我召集兵團，是要緝拿殺人犯央掘摩羅的。他非常兇悍，一直以來，都沒有人能將他繩之於法，兩星期前，他被人發現在城中出沒，百姓們現在仍活在惶恐之中。」

佛陀又問：「你是否肯定他是一個如此危險的人物？」

大王說：「世尊，央掘摩羅對每個男、女、老、幼都有威脅，我一天未捉到他處死，是不會罷休的。」

佛陀再問：「假如央掘摩羅已痛改前非，發願不再殺戮，而且更立誓為比丘，從此尊重所有眾生，你還需要把他拘捕處決嗎？」

「世尊，如果央掘摩羅成為您的弟子，持戒不殺，過著清淨善良的比丘生活，我便無限安慰了！我不僅會饒他一命，給他絕對的自由，還會供養他衣食藥品，只怕這個可能性很小吧！」

佛陀指著站在他背後的不害，說道：「陛下，這位僧人就是獨一無二的央掘摩羅，他已受戒為比丘。過去這兩個星期，他已變得如同另外一個人了。」

波斯匿王只覺得站在這樣一個殺人狂魔的面前，感到有點寒慄。

佛陀說：「陛下，不用懼怕，央掘摩羅比丘現在比一把泥土還要溫馴，我們現在都叫他『不害』。」

大王凝視著不害，然後向他鞠躬作禮。他問道：「尊敬的僧人，您出自何家？父親的姓名為何？」

「陛下，我的父親名叫伽伽，母親名叫曼特梨。」

「伽伽曼特梨子比丘，請讓我為你供養衲衣、食物和藥品。」

不害答道：「謝謝陛下，但我已經有三件衲衣了。我每天都乞得到食物，暫時也毋須藥品，您的心意，我由衷地感謝。」

大王向他再度鞠躬後，便轉過來對佛陀說：「覺悟的大導師，您的德行美妙極了！沒人能像您這般，為困境帶來美好與和平。別人用武力都解決不了的，您卻以您的大德迎刃而解了。請容我致上最深的謝意。」

大王通知部屬解散後才離去。各人也回到自己的崗位，進行他們的例行事務。

25

住於專念

央掘摩羅成為比丘的消息，很快便傳遍城中，居民都鬆了一口氣。鄰近的國家聽說了這宗殺人犯被感化的消息，也因而對佛陀和他的僧團更為景仰。

愈來愈多聰明伶俐的年輕人，都捨棄他們原本的教派來追隨佛陀。有一個在家信徒優婆離，從耆那教派轉投佛陀，他的故事更成了摩揭陀和憍薩羅宗教圈的熱門話題。優婆離住在北摩揭陀，是個富裕而且很有才幹的年輕人。他本是耆那教團的一個主力護持者，這個教團的導師是尼乾子大師。耆那苦修者所過的生活非常儉樸，就連衣服也不穿，民眾對他們的作風都十分欽佩。

那年春季，佛陀住進了那爛陀的芒果園，並會見了尼乾

子大師的一位高徒——苦行者大特波士。在與大特波士的交談中，佛陀得悉耆那的徒眾從不談及「業」（karmani），而只談「罪」（dandani）。大特波士伸談到三種罪：體行的、言語上的和念頭上的罪惡。當佛陀問他哪一種罪被認為是最嚴重的時，他說：「體行的罪最嚴重。」

佛陀告訴他，依照覺醒之道，惡念才是最嚴重的罪行，因為心念比行動更為根本。這個道理，大特波士要求佛陀重複說了三遍，目的是希望稍後能推翻它，然後隨即請辭離去。當大特波士把佛陀所說的話告訴尼乾子大師的時候，他大笑了起來。

尼乾子大師說道：「這個沙門喬答摩，真是犯了大錯。罪惡的念頭和言詞都不是最嚴重的罪，身體所作的罪惡才是最嚴重，而且是有長遠後果的罪行。大特波士苦行者，你的確能掌握我的真傳。」

他們的這段對話，被在場的幾個門徒聽到了，包括了優婆離，因為他剛巧帶著從芭娜佳來的朋友到訪。優婆離表示希望前去拜訪佛陀，以便非議他在這問題上的說法。尼乾子大師大力支持優婆離之行，大特波士對此卻不甚贊成，他擔心優婆離會被佛陀說服，甚至徹底改變優婆離的信仰。

尼乾子大師卻對優婆離很有信心，他說道：「我們一點也不需要擔心優婆離會離開我們，成為喬答摩的弟子，說不定，喬答摩倒會成為優婆離的弟子呢！」

　　大特波士仍然勸阻優婆離前去，可是優婆離已打定主意了。與佛陀會面後不久，優婆離就已經被佛陀生動活潑的言談所感動。佛陀用了七個譬喻來爲優婆離開示爲何惡念基本上比惡行惡言更應受重視。佛陀一向知道耆那教派持守不殺之戒，嚴格的程度就連每走一步都要小心翼翼，唯恐會踩死了昆蟲，佛陀對他們這種行爲非常讚歎。接著，他便問優婆離：「如果你不小心踩死了昆蟲，這意外算是罪行嗎？」

　　優婆離回答道：「尼乾子大師說過，如果不是故意去殺，便沒有犯罪。」

　　佛陀微笑道：「那麼，尼乾子大師也贊同意念是判斷罪業輕重的最基本要素了，他還能說行動上的罪最爲嚴重嗎？」

　　佛陀的言詞精簡而又充滿智慧，令優婆離非常佩服。後來他告訴佛陀，其實佛陀的第一個譬喻已有足夠的說服力了，他繼續追問下去的目的，只是希望能多聽一點佛陀的教誨。

　　當佛陀說完第七個譬喻後，優婆離俯身在佛陀面前禮拜，要求被接納成爲他的弟子。

　　佛陀說：「優婆離，先仔細考慮清楚你的要求。像你這樣具有聰明才智，而且有地位的人，是不應輕率而爲的，反覆想清楚再做決定吧！」

　　佛陀的話讓優婆離對他更爲欽敬，他看到佛陀完全沒有

興趣使別教信徒轉投他的門下，以增長自己的聲譽，從沒有一個精神領袖曾請他再三考慮再加入教團。優婆離答道：「世尊，我已想清楚了。請讓我皈依佛、法、僧。我很感恩並很慶幸找到了真實的正道。」

佛陀說：「弟子優婆離，你一向都是耆那教團的主要護持者。雖然你現在皈依了我，但請不要停止對他們的供養。」

優婆離說：「世尊，你真是高潔啊，而且胸襟廣闊，一點都不像我曾遇過的其他導師。」

當大特波士把優婆離轉投佛陀門下的消息告知尼乾子大師，他不相信這是真的，於是親自到優婆離家裡證實，才相信這是事實。

在摩揭陀和憍薩羅，接受覺醒之道的人與日俱增。比丘們到舍衛城探訪佛陀時，都把這個喜訊告知佛陀。

佛陀對他們說：「不管接受大道的信徒數目增多是好是壞，最重要的還是要看比丘們是否精進修行。我們不要執著成功或失敗，對待幸與不幸，都應本著平等之心。」

一天早上，當佛陀和比丘正準備出外乞食，幾個警衛闖進了祇園精舍，說是奉命前來搜尋一具女屍。比丘們都感到很驚訝，不明白為什麼他們會來寺院林地尋找女屍，巴帝耶尊者查詢後，知道女死者名叫孫陀莉，是舍衛城一個大教團的成員，比丘們也都認出這名字屬於一位近期時有參加法會

的妙齡女子。雖然比丘們都告訴警衛這裡不可能會找到她的屍體，但他們仍堅持要搜查。出乎眾人意料之外，他們竟然在佛陀房子附近的地下淺坑，掘出一具女屍來。警衛帶走女屍後，佛陀便告訴比丘如常到外面乞食。

「住於專念。」他這樣對比丘們說。

那天稍後，孫陀莉教團的團友扛著她的屍體在城內到處遊行，高聲號哭，並時而停下來向眾人呼喊道：「這就是孫陀莉的屍首！她殘破的身體在祇園精舍的一個淺坑中被發現。那些自命清淨無染，屬於釋迦貴族的僧人，將她姦殺藏屍！滿口的慈悲喜捨和平等心都是假的！你們現在都看到了吧！」

舍衛城的民眾感到很困擾，就連一些最虔誠的信徒，對佛陀的信心也開始動搖，別的信眾則相信是有人栽贓嫁禍，故意破壞佛陀的清譽，因而也感到很苦惱。其他自覺被佛陀威脅的教團，更乘機對僧團諸多指責，比丘們到處都被人盤問、嘲罵。雖然他們都盡量保持平靜，住於專念，但這實在很不容易。剛開始修行和年輕的比丘都感到很羞恥，因而不願到城裡乞食。

一天下午，佛陀召集眾比丘，對他們說道：「不公平的譴責，隨時隨地都可能發生。你們不用覺得羞恥，只有當你們不繼續精進修行，過清淨生活時，才真應該感到羞愧。這次對我們的錯誤指控會散播開來，然後便會止息。明天出外

乞食時，如果還被問及此事，你們只需簡單地回答：『無論兇手是誰，必定會受到應得的果報』。」

聽過佛陀的話語之後，比丘們都安心了不少。

同時，鹿子母夫人也對此事感到非常不安。她前去找善達多，與他詳細商討。最後，他們決定私下聘請密探，偵查真兇，他們也和祇陀太子商議，獲得他的幫助。

不到七日，密探已查出了真兇是誰。兩名兇手因為分贓不均，在酒醉之後吐露真相，警衛立刻被召到現場，將他們逮捕歸案。兩名兇手都承認，是孫陀莉教團的領導人雇用他們行兇，然後把屍體埋在佛陀房子附近的。

波斯匿王立即前來祇園精舍公布兇手被捕的好消息，他表示自己對僧團絕對信任，而且對真相大白感到很興奮。佛陀請大王不要再追究此事，並說此等罪行，必須等到人人都降伏瞋妒之後才會絕跡。

舍衛城的人民，又重現對比丘的崇敬了。

26

晨星出現

　　一天，佛陀和阿難陀前去拜訪城外的一座小寺院，抵達時，正值比丘出外乞食。當他們在寺院周圍隨意漫步時，聽到寮房裡傳出一陣陣可憐的呻吟聲。佛陀入內一看，發現一個唇焦臉白、骨瘦如柴的比丘，綣縮在角落裡，空氣中瀰漫著噁心的臭味。佛陀跪在那比丘身旁，輕聲問道：「兄弟，你生病了嗎？」

　　比丘回答：「世尊，我害了痢疾。」

　　「沒有人照顧你嗎？」

　　「世尊，其他師兄弟都出外乞食了，這兒只剩下我一個人。我生病的初期，是有幾位師兄弟照顧我，但我知道自己沒用，對任何人都沒有好處，便叫他們不要再理會我。」

佛陀對阿難陀說：「去取些水來，我們替這位兄弟清潔一下。」

阿難陀拿了一桶水進來，和佛陀一起為比丘沐浴，又替他更衣，然後把他扶到床上去。接著，佛陀和阿難陀把地方清潔乾淨，又把比丘的髒衣洗淨，正當他們要晾曬衣服時，其他的比丘剛從外面回來，阿難陀尊者便叫他們煮點水給生病的比丘調藥。

眾僧請佛陀和阿難陀與他們一起用食，飯後，佛陀問他們：「寮房裡的比丘患了什麼病？」

「佛陀世尊，他得了痢疾。」

「有人照顧他嗎？」

「佛陀世尊，我們起初是有照顧他的，但他後來卻叫我們不用照顧他了。」

「比丘，我們出家修道，便再也沒有家人和父母在身邊，生病時，又怎能不互相照顧呢？我們應該互相關懷。無論生病的人是老師、學生，還是朋友，我們一定要照料他，直至他康復。比丘們，如果我病倒了，你會照料我嗎？」

「當然會，佛陀世尊。」

「那你們也必須照料其他生病的比丘，照顧任何一位比丘，就如同照顧佛陀一般。」

比丘們都合掌鞠躬，以示遵從。

接下來的夏季，佛陀在舍衛城的東園居住，同時，摩訶

波闍波提比丘尼也在舍衛城為一群尼眾說法。協助她的契嬤比丘尼，曾是頻婆娑羅王的一個妃嬪，早在二十年前就已經皈依佛陀。起初，她本具的慧根被傲慢所蒙蔽，後來經過佛陀的指導，才學會了謙遜之道。在家修行了四年，她便要求受戒為尼，在修行道上勇猛精進，是尼眾中的一位重要的導師和領導人。鹿子母夫人時常來探視她和其他的比丘尼。一天，鹿子母夫人邀請善達多——亦即給孤獨長者，贈送祇陀園給僧團的慈善長者——與她同行，並介紹契嬤、法塵那、蓮華色和波多恰拉等比丘尼給他認識。鹿子母夫人告訴善達多，她們全都在未出家以前就與她相識了。

有一天，善達多帶著一位也叫鹿子母的男性朋友前往比丘尼的修道中心，因為他是中心裡的一位名導師——法塵那比丘尼的親屬。兩位男士參加了法塵那比丘尼的法會，聽她講說五蘊和八正道。善達多回到祇園精舍後，把法塵那比丘尼所說的，全告訴了佛陀。

佛陀說：「假如你請教我這些主題，我所說的也只會與法塵那比丘尼所說的完全一樣。她是真正得到了解脫和開悟之道的精華。」

佛陀又對阿難陀說道：「阿難陀，請你記下法塵那比丘尼的開示，再向全部的僧眾複述一遍。她這次的開示非常重要。」

另一位跋多迦毘羅梨比丘尼，也是以深得法要而聞名

的。一如法塵那比丘尼，她也常被邀請到外地説法。

　　至於波多恰拉比丘尼，她的背後則有著一個動人心弦的悲慘故事。她是舍衛城一個富有人家的獨生女。因父母對她過分保護，自幼便被關在屋裡，從來不許外出。因為這個緣故，她完全沒有機會與外面的人接觸。到了婚嫁年齡，她私下與家裡的年輕僕人相戀，但父母卻安排她嫁給一個豪門公子。波多恰拉便與情人相約一起私奔。到了出嫁的那天清晨，她化装成一個婢僕，假裝到外面取水，出了家門，她便與情人會合，遠走他鄉，共結連理。

　　三年後，波多恰拉懷孕了。接近產期的時候，她希望依循鄉例，回娘家待產。雖然丈夫起初不願意，但最後也答應同行。只是，波多恰拉在半途中已產下一名男孩，也就沒有必要繼續這趟旅程，便折返回家了。

　　兩年後，波多恰拉再度有喜，她又再次要求丈夫陪她回娘家，可惜他們這次遇上了劫難。途中，他們遇到暴風雨，波多恰拉卻在這時開始陣痛起來，她的丈夫見狀便吩咐她在路旁等候，待他從林中取些枝葉回來，暫作遮蓋之用。波多恰拉在那兒等了很久，丈夫並未歸來，就在這風雨交加的黑夜裡，她產下了第二個兒子。天剛亮，波多恰拉便一手抱著新生的嬰兒，另一手牽著大兒子，走到森林裡尋找丈夫。她發現，原來丈夫已被毒蛇咬死多時了。她哭得死去活來，悲慟不已，最後，也只好站起來，帶著兩個幼兒，蹣跚地朝著

舍衛城的老家前進。

終於，她到達了河邊。由於前一夜的豪雨，河水高漲，四周的水位都太深，他的大兒子無法涉水到對岸。在這種情況下，她只好吩咐大兒子在岸上等她，讓她先把嬰兒扛在頭上，涉水過河，再回來接他。正當她把小兒子扛在半空中，涉水而過時，一頭大鷹滑翔而下，把嬰兒抓走了。波多恰拉高聲呼叫，期盼大鷹會釋放嬰兒，可是，爪下無情，大鷹瞬即飛走了。她的大兒子在河的另一頭聽到媽媽的呼叫聲，還以為母親叫他前去，波多恰拉回頭一望，見兒子踏進湍急的河流裡，便大聲喚他止步，可惜已經來不及了。眼看著洪流捲走大兒子，她卻無力搶救。

波多恰拉到達對岸時，已再也支撐不住，臥倒在岸上。甦醒後，她勉強站起來，繼續前行。步行了數天，終於抵達舍衛城，她甫抵家門，卻發現雙親原來在幾天前的風暴中，被踢下來的圍牆壓死了，而那天正是她父母親火葬之日。

波多恰拉登時臥倒路旁，不想再活下去了。一些可憐她的人，便把她帶來見佛陀。佛陀聽過她的遭遇後，用溫婉祥和的語氣跟她說：「波多恰拉，你真的受了很多苦，可是，生命裡並非只有痛苦和不幸，鼓起勇氣來！如果你修行覺悟之道，將來即使面對最難受的痛苦，你也會一笑置之的。你將學會如何為現在和未來，重新創造和平與喜悅。」

波多恰拉向佛陀鞠躬頂禮，並求受三皈依。佛陀把她交

託摩訶波闍波提尼師照顧，不久之後，波多恰拉更受戒為
尼，摩訶波闍波提尼師對她十分愛護。經過幾年的修行，波
多恰拉的臉上終於再度露出笑容了。一天，她洗腳時望著地
上的水慢慢滲進泥土裡，頓時生慧，徹見了無常之體性。接
下來的數日數夜，她禪修時都持觀此象，直至一天黎明，她
終於參破了生死之迷，隨即自然而然地寫了一首詩：

> 那天洗腳時，
> 我見細流水，
> 重回大地裡，
> 我問：「水將回歸到哪兒去？」
>
> 靜默裡觀想，
> 身心專念中，
> 以壯馬疾奔之神，
> 我徹視六塵之性。
>
> 凝望油燈心，
> 我集中我心，
> 時間速逝，
> 油燈續明。

我拿起一支針，
按下油燈心，
燈光頓滅，
一片黑暗。

火雖熄滅，
心靈亮照，
正當晨星出現，
心中萬障消解。

波多恰拉把這首詩呈給摩訶波闍波提尼師過目時，這位住持對她讚不絕口。

副波羅伐那比丘尼，是另一位經歷過許多辛酸之後才接觸到正法的人，而這完全是因為目犍連尊者的慈悲。副波羅伐那是個很不尋常的美人，即使是她披剃之後，也依然貌美。她勤於修行，又是波闍波提住持的得力助手。

目犍連和她的相遇，是很偶然的。一天，目犍連路過城中心的公園，看見她站在那裡，就像夜裡的一朵鮮花，明豔照人，原來，所有的男人都稱她為「美蓮」。無可否認的，她的天生麗質實在超越世上最美麗的蓮花，但目犍連尊者可以看到她眼裡流露著痛苦，也知道她心裡隱藏著無限的哀傷。於是他停下來，對她說道：「你的確天生麗質，而且滿

身華服，但我看得出你內心苦惱混亂，你的精神負荷已太大，而你所走的道路，卻只會把你帶到一個更黑暗的地方。」

聽到目犍連道破了她內心的感受，副波羅伐那非常驚訝，但仍假裝無動於衷，回駁他說：「也許你說的都對，但這是我唯一可以走的路。」

目犍連說道：「你為何這麼悲觀呢？無論你的過去如何，都可以改變自己，創造未來。髒衣都可以洗淨啊！一個滿載混亂和疲乏的心，也可以被覺悟之水淨化過來。佛陀說過，每個人都有覺醒並找到平和喜悅的潛能。」

副波羅伐那開始哭泣了，「但我一生都充滿著罪惡和不平，我擔心就是佛陀也幫不了我。」

目犍連安慰她說：「別擔心，請讓我分擔你的過往。」

副波羅伐那告訴目犍連尊者她本是一位富家小姐，十六歲便結了婚。自從她的公公過世後，她的婆婆便與自己的兒子，即副波羅伐那的丈夫私通。雖然副波羅伐那已育有一個女兒，但因為無法再忍受丈夫與他母親的亂倫關係，最後也留下女兒，離開了夫家。多年之後，她再嫁與一個商人，她發現丈夫在外面暗中養了個妾侍，便私下偵查。偵查之下，卻發現那個女人原來就是她多年前離棄了的親生女兒。

她的傷痛和怨恨是那麼的深，於是開始憎恨這個世界，而且再也不能去信任、去愛任何人。她當起了妓女，只顧追

求珠寶錢財和物質享受以找尋慰藉。她承認，最初見到目犍連時，更曾想過勾引他來揭露世人的假仁偽德。

美蓮掩面啜泣，目犍連也就盡量讓她哭，釋放心裡的痛楚。接著，他便對她講說正法，並帶她去見佛陀。佛陀安慰她之後，便問她是否願意在喬答彌住持的教導下修習爲尼。她受戒爲比丘尼後，經過四年的精進勤修，已被大家公認爲是精進修行的表率。

中文—巴利文對照表

無畏王子	Abhayaraja
阿夷羅跋提河	Aciravati
阿耆尼	Agni
火達多	Agnidatta
不害	Ahimsaka
阿闍世王	Ajatasattu
阿耆多枳舍欽婆羅	Ajita Kesakambali
阿摩巴離	Ambapali
不癡毘尼	Amudha-vinaya
給孤獨長者	Anathapindika
鴦伽	Anga
央掘摩羅	Angulimala

阿那律	Anuruddha
頞伽摩陀王	Arcimat
阿達磨嘎地語	Ardhamagadhi
阿私陀	Asita Kaladevela
馬勝	Assaji
阿闥婆吠陀	Atharveda
夜柔吠陀	Yajurveda
阿般提	Avanti
巴達梨伽（精舍名）	Badarika
巴帝耶	Baddhiya
滂河	Banganga
跋多迦毘羅梨	Bhadda Kapilani
勝妙獨處經（跋地羅帝偈）	Bhaddekaratta Sutta
拔提	Bhadrika
跋伽	Bhagga
薄功	Bhagu
婆達村	Bhandagama
婆私吒	Bharadvaja
鞞沙伽羅（園林名）	Bhesakala
豐財納伽羅	Bhoganagara
頻婆娑羅王	Bimbisara
婆羅提多王	Brahmadatta
梵網經	Brahmajala Sutta

梵天　　　　　　　　　　　　Brahma

梵書　　　　　　　　　　　　Brahmanas

瞻波國　　　　　　　　　　　Campa

瞻波那　　　　　　　　　　　Capala

車匿　　　　　　　　　　　　Channa

質多　　　　　　　　　　　　Citta

周那　　　　　　　　　　　　Cunda

法塵那　　　　　　　　　　　Dhammadinna

大特波士　　　　　　　　　　Digha Tappasi

帝迦羅朅　　　　　　　　　　Dighanakha

燃燈佛　　　　　　　　　　　Dipankara

斛飯王　　　　　　　　　　　Dronodanaraja

加范培帝　　　　　　　　　　Gavampati

伽耶山　　　　　　　　　　　Gayasisa

瞿師羅園精舍　　　　　　　　Ghosira

尸賴拏伐底河　　　　　　　　Hiranyavati

帝釋窟山，雁塔　　　　　　　Indrasailaguha

伊師提婆　　　　　　　　　　Isidatta

仙人山　　　　　　　　　　　Isigili

伊師巴丹拿（鹿野苑）　　　　Isipatana

祇陀　　　　　　　　　　　　Jeta

祇園精舍　　　　　　　　　　Jetavana

戌博迦　　　　　　　　　　　Jivaka

迦鹿荼離	Kaludayi
卡拉諾莉	Kalyani
迦毘羅衛城	Kapilavatthu
伽尸	Kasi
迦葉	Kassapa
髻設	Kesi
契摩	Khema
拘利	Koliya
憍陳如	（Annata）Kondanna
憍薩羅	Kosala
憍賞彌	Kosambi
俱胝村	Kotigama
蓮華日	Kumudi
居樓	Kuru
拘尸那	Kusinara
大林精舍	Kutagara
矩吒唐特	Kutadanta
離車（族名）	Licchavi
藍毘尼園	Lumbini
摩揭陀	Magadhi
摩訶波闍波提	Mahapajapati
末迦利瞿舍梨子	Makkhali Gosala
摩窟羅山	Makula

末羅（族名）	Malla
摩露伽子	Malunkayaputta
摩登伽	Matanga
彌伽	Megha
目犍連	Moggallana
那提迦葉	Nadi Kassapa
那爛陀	Nalanda
尼連禪河	Neranjara
尼乾陀若提子（尼乾子）	Nigantha Nathaputta
尼拘律樹園（菩提樹園）	Nigrodha Park
尼拘律	Nigrodha
蓮花伐蒂	Padumavati
迦羅拘陀迦栴延	Pakudha Kaccayana
波羅夷	Parajika
波奈耶伽	Parileyyaka
簸利婆羅闍迦	parivrajakas
波斯匿王	Pasenadi
波多恰拉	Patacara
巴連弗城	Pataliputta
波羅提木叉	Patimokkha
波婆城	Pava
自恣日	Pavarana
婆波特山	Pavatta

普拉克利塔，摩登伽女	Prakriti
覓罪相毗尼，又作本言治毗尼、居止淨律	
	Pratijnakaraka-Vinaya
補庫薩	Pukkusa
補納	Punna
補納洛迦納	Punnalakkhana
富蘭那	Purana
富樓那迦葉	Purana Kassapa
東園	Purvarama
王舍城	Rajagaha
皇家精舍	Rajakarama
羅稽羅（森林名）	Rakkhita
羅摩村	Ramagama
梨俱吠陀	Rigveda
盧醯河，盧奚多河	Rohini
盧醯特沙	Rohitassa
現前毗尼，又作面前止淨律	Sammukha-Vinaya
刪闍耶毘羅胝子	Sanjaya Balatthiputta
七滅淨，又作七滅諍法、七止淨法	Saptadhikarana-Samatha
七葉窟	Saptaparnaguha
薩羅河	Sarabhu
舍利弗	Sariputta
舍衛城	Savatthi

悉達多	Siddhattha
戒拔特	Silavat
申恕波林	Simsapa
憶念毘尼，又作憶止淨律	Smrti-Vinaya
蘇納	Sona
蘇納檔達	Sonadanda
善柏錫	Subash
妙巴	Subha
善跋陀	Subhada
須跋特羅	Subhadda
善達多	Sudatta
須帝那	Sudina
蘇納卡特	Sunakkhata
孫達梨難陀	Sundari Nanda
蘇利陀	Sunita
申怒波林	Supatthita
縛悉底	Svasti
自言毘尼，又作自發露止淨律	Tatsvabhaisya-Vinaya
如草覆地毘尼，又作草伏地、如棄糞掃止淨律	
	Trnastaraka-Vinaya
優陀夷	Udayin
烏陀迦羅摩子	Uddaka Rarnaputta
優婆離	Upali

奧義書	Upanishads
優樓頻螺	Uruvela
蓮華色	Utpalavanna
跋吉梨	Vajiri
跋耆族	Vajji
薄伽梨	Vakkali
富薩國	Vamsa
懵祇沙	Vangisa
額鞞	Vappa
波羅奈斯	Varanasi
竹林精舍	Venuvana
毘舍離	Vesali
弗山密達	Vessamitta
毘提迦族	Videha
維摩維憍陳納	Vimala Kondanna
鹿子母	Visakha
衛尸朋他羅	Visvantara
多人覓罪相毘尼，又作多覓毘尼、展轉止諍律	
	Yadbhuyasikiya-Vinaya
夜墨盧	Yamelu
耶牟那河	Yamuna

一行禪師於法國和美國設有靜修中心，供僧尼或一般民眾修習專念的生活方式。個人、伴侶或家庭，皆可參加一日或一日以上的專念禪修活動。請上網至 www.plumvillage.org 查詢詳細資料，或直接聯絡以下的靜修中心：

Plum Village
13 Martineau
33580 Dieulivol, France
info@plumvillage.org

Green Mountain Dharma Center
P.O. Box 182
Hartland Four Corners, VT 05049
mfmaster@vermontel.net
Tel: (802) 436-1103

Deer Park Monastery
2499 Melru Lane
Escondido, CA 9202
deerpark@plumvillage.org
Tel: (760) 291-1003

欲查詢全球各地的一行禪師共修團體資料，請上網至 www.iamhome.org。

國家圖書館出版品預行編目資料

一行禪師說佛陀故事. II, 竹林篇 / 一行禪師著；
何蕙儀譯. -- 二版. -- 臺北市：法鼓文化，
2016. 03
　面；　公分
　譯自：Old path white clouds : walking in the
footsteps of the Buddha
　ISBN 978-957-598-699-5（平裝）

　1.釋迦牟尼(Gautama Buddha, 560-480 B.C.) 2.
佛教傳記

229.1　　　　　　　　　　　　105000579

大智慧 5

一行禪師說佛陀故事 II‧竹林篇
Old Path White Clouds:　Walking in the Footsteps of the Buddha

著者	一行禪師
譯者	何蕙儀
出版	法鼓文化
總監	釋果賢
總編輯	陳重光
編輯	蔡孟璇、林文理
插畫	Nguyen Thi Hop
封面設計	黃聖文
地址	臺北市北投區公館路186號5樓
電話	(02)2893-4646
傳真	(02)2896-0731
網址	http://www.ddc.com.tw
E-mail	market@ddc.com.tw
讀者服務專線	(02)2896-1600
初版一刷	2005年9月
二版五刷	2023年8月
建議售價	新臺幣750元（套書全三冊，不分售）
郵撥帳號	50013371
戶名	財團法人法鼓山文教基金會—法鼓文化
北美經銷處	紐約東初禪寺
	Chan Meditation Center (New York, USA)
	Tel: (718)592-6593 E-mail: chancenter@gmail.com

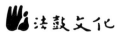
法鼓文化